从纽约起航——我们为什么送孩子去美国读小学

李嘉音 罗梦玉 著

图书在版编目（CIP）数据

从纽约起航：我们为什么送孩子去美国读小学 / 李嘉音，罗梦玉 著.
—北京：知识产权出版社，2017.7（重印）

ISBN 978-7-5130-4812-5

Ⅰ.①从… Ⅱ.①李… ②罗… Ⅲ.①小学教育—留学教育—介绍—美国 Ⅳ.① G629.712.8

中国版本图书馆 CIP 数据核字（2017）第 055172 号

内容提要

本书对纽约市整体教育体系、早教体系、幼儿园教学内容进行了详细的介绍，也对纽约公立学校和私立学校进行了深入的描述和比较，让读者对公立和私立体系有更清晰的了解和认识。本书还对如何准备和申请私立学校，如何报考天才公立学校，孩子什么时候留学最适宜等热门话题进行了实实在在的解答。书中穿插了很多真实的纽约家长的育儿案例，趣味横生。

责任编辑：刘晓庆	责任出版：刘译文

从纽约起航——我们为什么送孩子去美国读小学
CONG NIUYUE QIHANG —— WOMEN WEISHENME SONGHAIZI QUMEIGUO DUXIAOXUE

李嘉音　罗梦玉　著

出版发行：知识产权出版社 有限责任公司	网　　址：http://www.ipph.cn
电　　话：010-82004826	http://www.laichushu.com
社　　址：北京市海淀区气象路 50 号院	邮　　编：100081
责编电话：010-82000860 转 8073	责编邮箱：396961849@qq.com
发行电话：010-82000860 转 8101	发行传真：010-82000893
印　　刷：北京科信印刷有限公司	经　　销：各大网上书店、新华书店及相关专业书店
开　　本：787mm×1092mm　1/16	印　　张：13.5
版　　次：2017 年 4 月第 1 版	印　　次：2017 年 7 月第 2 次印刷
字　　数：155 千字	定　　价：39.00 元

ISBN 978-7-5130-4812-5

出版权专有　侵权必究
如有印装质量问题，本社负责调换。

前 言

"如果你爱他,就送他去纽约,因为那里是天堂;如果你恨他,就送他去纽约,因为那里是地狱。"小时候,很喜欢看电视剧《北京人在纽约》,这是那部电视剧里风靡全国的台词。我们认为这本书以这句台词开篇再恰当不过了。纽约有众多顶级的中小学名校,它们条件优越、师资雄厚,好比教育的天堂。但这些名校的名额却供不应求,竞争之激烈,让人望而却步。当然,也有特别糟糕的学校,里面拥挤不堪、设施陈旧,学生鱼龙混杂。从最好到最烂,从公立到私立,从传统教育到进步主义,中间还分多种层次,教育体系非常复杂。初到纽约的家长在面临选择时,会在天堂和地狱中反复煎熬。

从事金融工作的时候,经常听到"倒逼机制"这个词。在接触纽约教育的这段时间里,这个词时不时地浮现在脑海,用它解释纽约教育的现状再确切不过。由于美国著名私立大学的入学竞争越来越激烈,而私立大学在私立中学招生的比例远远高于公立中学,所以倒逼着家长让孩子进入好的私立中学;由于很多私立小学可以直升至私立中学,同时私立中学招生也更喜欢私立小学毕业的学生,因此倒逼着家长让孩子进入名牌私立小学;对于名牌私立小学家长们趋之若鹜,录取率甚至低于哈佛大学，这倒逼着家长让孩子进入名牌幼儿园，让他们赢在择校的起跑线上。名牌私立小学录取还要求四岁的孩子面试、考试。名牌公立和天才学校要求四岁的孩子参加纽约全市统考，这又倒逼着家长从孩子两三岁就要请私教、请顾问。因此，当你看到在只有30个名额的名牌幼儿园招生会上，却有黑压压的几百名家长参加的时候，就不会觉得奇怪了。当你看到纽约各种培训早教班都有一堆孩子在学习，就不会觉得惊讶了。如果你问为什么非要进入名牌大学，那就要追溯到就业、社交圈和家长偏好。纽约的生活成本极高，特别是在寸土寸金的曼哈顿，很多孩子的父母双双名校毕业，都很要强，是企业家、是金领、是行业精英，因此他们也想让孩子走上这条"不归路"。这就是纽约教育——名副其实的精英教育体系。

我们身边有很多华人家长对孩子"幼升小"都经历过、体验过、抱怨过，但没有人系统地用笔记录下来。很多亲朋好友因听说我们的孩子在纽约"幼升小"如此艰辛而感到震惊。我们时不时地开玩笑说："谁说美国教育轻松？拉来纽约试试！"因为我们身心俱疲地经历了这个过程，于是就想把自己的所见、所思和所想写下来，作为留念，也让身边家长有所借鉴，看看美国的精英教育体系是什么样子，美国的虎妈虎爸如何教育孩子。为了完成此书，我们还采访了很多家长，在此感谢 Angela Ge、Sian、Chihua Chuang、He Li、Kathy Gu、Olivia Xue、杨鸣镝、谢小红、王婧婧、叶萍、汪净、王晓佳、晓虹、晶晶、唐琳、陈兴华、赵飒，以及 Garden House 幼儿园妈妈群的多位妈妈与我们无私的分享！也感谢著名小说家柳营、著名影视演员苏瑾、旅美钢琴家和寻律线上教育创始人许晨馨的宝贵建议和联袂推荐。

前　言

有一位华人说过："有了孩子以后才能真正了解美国。"此话一点儿不假，很多美国文化的精髓都根植在育儿理念中，希望此书能带着你一起体会！也希望我们的儿女湾湾和晃晃、洋洋和杉杉长大以后通过此书能感受到妈妈们的用心良苦。祝你们健康成长！

备注：本书第一章、第四章、第五章、第六章和第七章为李嘉音主笔；第二章、第三章和第八章为罗梦玉主笔。

目 录

第一章　纽约教育体系面面观 ·· 1

第二章　纽约家长对早教也痴狂 ·· 6
　什么是早教 ·· 7
　纽约有哪些早教中心 ·· 8
　纽约虎妈对待多语教育 ·· 13
　中美早教中心对比 ·· 14

第三章　幼儿园教育不简单 ·· 18
　幼儿园的教育分类和教育理念 ·· 18
　申请名牌幼儿园，家长、孩子都要面试 ································ 21
　幼儿园学知识很趣味 ·· 26
　游戏聚会社交潜规则 ·· 46
　幼儿园家长会 ·· 50
　幼儿园里的虎妈群像 ·· 52

第四章　纽约公立教育体系很复杂 ·· 60
　纽约公立教育，家长也要选择吗 ····································· 61
　每个家长都认为自己的孩子是天才 ································· 65
　特许学校特殊吗 ··· 72
　接受公立教育的孩子轻松吗 ··· 73
　公立 VS 私立 ··· 77
　纽约公立学校的伙食好 ··· 81
　什么是 PTA ·· 84
　公立学校里有虎妈吗 ··· 87

第五章　纽约私立教育体系迷人眼 ·· 91
　私立学校的十大优势 ··· 91
　家长对不同教育体系无从选择 ·· 103
　私立学校整体的教育理念和教育趋势是什么 ············· 105
　私立学校有排名吗 ·· 109
　选择男女合校还是单性别学校 ······································· 109
　纽约地域文化影响学校文化 ·· 112
　选择 K–5，K–8 还是 K–12 ·· 115
　什么家庭申请私立学校 ·· 116
　你所不知道的私立学校捐款文化 ··································· 118
　私立学校喜欢录取什么样的孩子 ··································· 120
　私立学校好，申请还是不申请 ······································· 121

第六章　申请纽约私立学校胜似高考 ···································· 124
　各大私立学校申请竞争白热化 ·· 124

美国也走关系吗 ·· 126

幼儿园园长很重要 ··· 128

申请程序好烦琐 ·· 130

4岁孩子居然要参加各类入学考试 ·· 132

想进私立学校？请家教吧 ·· 136

让家长紧张的面试 ··· 138

孩子面试小技巧 ·· 140

申请咨询师日进斗金 ·· 144

若想让孩子进私立学校，你必须成为虎妈 ······························· 145

纽约的孩子到底累不累 ··· 148

申请私立学校，虎妈也都累趴下 ··· 150

第七章 二胎时代，两娃虎妈 ·· 156

拥有两娃的虎妈对哪个娃更虎 ·· 157

老大现象 ··· 159

纽约二胎虎妈 ··· 161

弟妹派位优先权 ·· 163

第八章 也谈留学 ··· 165

孩子到底几岁留学最适合 ·· 165

各年龄段出国留学优劣 ··· 177

哪种类型的孩子更适合出国留学 ··· 174

孩子到国外以后，外语会神奇般提升吗 ·································· 177

在国内学习不好的孩子出国留学会变成好学生吗 ······················ 179

自己报名参加国外夏令营吧 ··· 180

附录一　纽约市适合儿童的博物馆与文化中心简介…………………185
附录二　曼哈顿及周边私立学校一览表……………………………191
附录三　最受美国孩子喜爱的童书书单……………………………197

第一章　纽约教育体系面面观

在纽约生活，只要带娃出行，大家都会很自然地问一句："孩子在哪儿上学啊？"后来，慢慢地，我发现这是纽约人的一个习惯。除了家庭住址（纽约的大街号和门牌号就是身份与地位的象征），问孩子在哪里上学是最直接地了解你家庭状况的方式。好的公立学校，一流的私立学校，二三流的私立学校，通过学校名字一下子就能把家庭层次定位了。有一次我参加展览，在一个画廊的展位上欣赏一幅画。当我寻问价格的时候，画廊的老板居然还问我孩子在哪里上学。我说了幼儿园的名字他不知道，还继续问幼儿园地址，让我顿时觉得"好势利"。当我听说有的夫妻因为孩子没有进入一流名校，父亲脸上无光，夫妻互相埋怨而导致离婚时，真的感到很惊讶。但纽约就是这么现实，学校极力主张父母参与到教学活动中去，孩子的圈子会直接影响父母的社交圈。

一些了解美国教育结构的家长肯定觉得我夸大其词。其实，美国绝大部分地区的初等教育体系都非常简单，基本按家庭住址分配学校，从5岁学前班到高中毕业实施13年义务教育。这种公立学校的学生占90%，另外10%的学生分布在不同的私立学校就读。一般以一个小城镇为一个学区，学区有优劣之分，每年都会排名。好学区的城镇都比较富裕，社区环境好，房子比较贵，每家每年要交很高的地税来支撑学校的教育和社区安全。有条件的美国家长非常重视孩子的教育，一般都会在孩子5岁之前在好学区的城镇购买房子。很多中国家长听后还感慨：美国也有学区房啊！是的，美国学区房文化非常浓厚，家长愿意为孩子支付高房价、高地税。其实，全世界父母的玻璃心都是相通的，同一个世界，有同样的爱心和期盼。

但是，纽约这个大都市比较特殊，高楼多、人口多、孩子多，贫富住宅有些交叉混搭，公立学校条件相对比较差，贵族文化和私立学校文化根深蒂固，教育体系非常复杂。很多家长和我一样，本来没有那么在乎名校，在乎私立，可只要移居到纽约后，就被名校情结的"群体效应"所感染，也想参与进来，加入这股热潮中。一个朋友在孩子5岁前移居到纽约，错过了私立学校的申请。其实，他们也不想支付高昂的学费，刚好把公寓选在一个非常好的公立小学学区。可没出几个月，他们就被纽约的"群体效应"搞得看自己的学校不顺眼，总对我说私立学校是多么多么好。一所私立中学的校长开会时说："为什么纽约家长们都在问我：'你们高中今年有多少毕业生进了常春藤大学？'"他呼吁家长们放开眼界，美国除了8所常春藤大学，还有好多特别棒的大学。更有趣的是，在纽约家长们的眼里，真正的常春藤其实只有三所大学——哈佛、普林斯顿和耶鲁，其他那几所都不入他们的法眼……家长们为何会如此的疯狂和势力？这本书会为大家一一道来，还会为大家讲述更多的让人惊讶的虎妈虎爸的故事。

先来了解一下美国的教育结构。

第一章　纽约教育体系面面观

美国幼儿教育按年龄分为 0~2 岁，日托（nursery/day care）；2~4 岁，幼儿园（preschool）；5 岁上学前班（kindergarten）；6 岁上小学 1 年级，小学到 5 年级结束。初中阶段，6~8 年级；高中阶段，9~12 年级。美国人一般很少说孩子在读小学、初中还是高中，而都说孩子在读几年级。

很多中国家长以为美国教育全免费，其实不然。美国公立教育是免费的，但是从 5 岁开始（纽约从 2015 年开始实施 4 岁免费教育，其他州还是从 5 岁开始）。5 岁之前的幼儿园还是需要家长自己付费，纽约幼儿园每月学费需要 1000~3000 美元。从 5 岁学前班开始，公立全免费，但私立学校学费不菲。

在幼儿教育方面，美国与中国最大的不同之处在于美国有日托（day care）。很多日托中心在婴儿满 3 个月时就接收，一个老师管 3/4 个

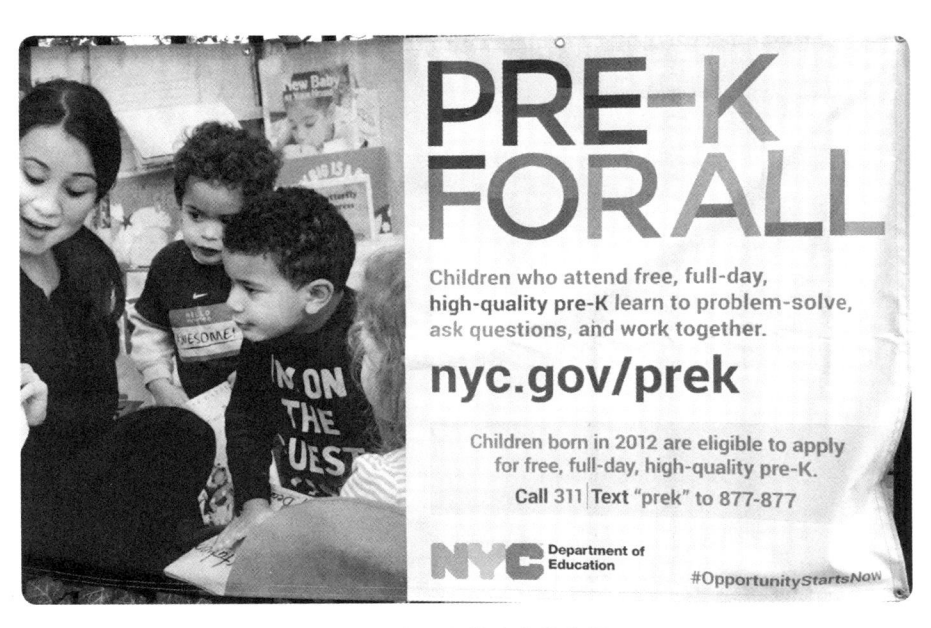

纽约 4 岁义务教育宣传海报

孩子。由于美国老人没有照顾第三代的习俗，所以很多美国家长选择把孩子送进日托中心。当然有的妈妈愿意自己照顾孩子，有的请保姆来照看。我儿子 10 个月时就进了日托中心。老师们都很有经验，也很有爱心。日托中心还让家长下载一款 APP，可以实时看到自己孩子的作息表和照片，便于家长安心工作。

当孩子 2 岁以后，家长需要作出选择，可以让孩子继续留在日托中心，也可以帮孩子申请幼儿园（preschool）。日托中心以看护孩子为主，幼儿园则是以教育孩子为主。幼儿园的老师需要有一定资质，素质会更高一些，当然学费也会相应有所增加。美国幼儿园有的从 2 岁开始招生，有的从 3 岁开始。每家幼儿园的时间安排也不一样，有的只提供半天班，有的提供全天班；有的提供餐饮，有的需要带饭。在教学方式上，有的是蒙特梭利教育方式，有的是传统的结构型教育方式，有的是玩中学自由型模式。这都需要家长作出选择。另外，由于纽约的幼儿园和日托中心很火爆，供不应求，所以都需要提前一年报名。好学校会对家长和孩子进行面试，本书后面的章节将具体介绍如何申请纽约的幼儿园。

孩子到了 5 岁就要正式进入学前班（kindergarten）了。实际上，美国学前班就坐落在小学里，与正式小学没有太大区别。每个州对出生月份的要求（cutoff date）各不一样。例如，纽约州卡在每年的 1 月 1 日，加州卡在 9 月 1 日。注册之前，家长需要对孩子的学校作出选择。学校大体分为公立学校（public school）、特许学校（charter school）和私立学校（private school）这三类。其中，公立学校和特许学校是免费的，私立学校的学费很高。纽约地区私立学校每年学费在 4 万美元以上，平均在 4.5 万美元左右，有一所已经突破 5 万美元；学费每年上涨幅度在 3%~6%。

本书后面的章节将会详细阐述这三类学校的区别。纽约孩子从 5 岁进入某小学，如果不转学的话，就会至少在这里学习 6 年时间，一直到小学毕业。很多私立学校提供学前班到 12 年级直升制的教育，即 K–12。外州公立学区也是直升制，从学前班到高中毕业。这意味着孩子要在该学校或该学区学习 13 年。因此，美国家长对学前班的选择都比较慎重。

孩子所在的学校直接决定孩子的成长环境和朋友圈，以及家庭的交友定位，因此学校无疑是孩子的第一张"名片"。

第二章　纽约家长对早教也痴狂

10 年间，早教中心在国内如雨后春笋般地成长起来。很多国内家长都抱怨早教中心很贵，但大部分的城市家庭都会给孩子报一家，甚至多家。金宝贝、美吉姆都是中国妈妈们熟知的早教中心，这些品牌的发源地和总部都在美国。美国还有很多类似的早教机构，如 Gymtime、NY Kids Club、Kidville、Jodi's Gym、Magic、Kids in Sports、YMCA 等。

国内早教中心在疯狂扩张的同时，一些负面文章揭露很多外国家庭根本不知道早教中心为何物，早教中心在国外根本不流行。那么美国孩子究竟上不上早教？我纽约的一位邻居给他们 2 岁的女儿报了 6 家早教机构。其实，纽约的早教中心特别多，也很密集，每家生意都不错，里面大部分都是白人娃娃。所以针对美国孩子上不上早教的答案是 Yes。那些文章说外国家长根本不知道有早教中心是带有夸张成分的。但美国以"大农村"为主，对住在郊区的父母来说，带孩子上一次早教中心需要"翻山越岭"，而自己家院落宽敞，一般都有儿童活动室，自然也就减少早教次数或根本不上早教中心。相对应地，城市活动空间有限，每家公寓面积不大，因此城市家庭就比较热衷于早教。

什么是早教

在美国，早教的英文是 early childhood education，指的是从孩子出生到 8 岁所进行的正式和非正式的教育，这和我们国内早教中心的概念不太一样。其实，这些所谓的早教中心在美国被称为 enrichment center，不应该被翻译成"早教中心"。它们提供的是更接近于婴幼儿的教育，是早教的一个分支，主要覆盖从孩子出生到 5 岁这个阶段的启蒙教育。最近几年，早教在美国也是一个热门话题。不光是年轻的父母们乐于探讨，而且上至联邦政府下到市政府也都在讨论早教的重要性，以及如何增加资金让更多的孩子，特别是低收入家庭的儿童从早教项目中受益。

其实，早教的起源要追溯至 19 世纪的欧洲。在私塾和家教盛行的时代，一些前卫的妈妈们决定把孩子送出家门去接受教育。工业革命时期，这个想法传播到美国。教堂、工厂和私人家庭开始建立所谓的"婴儿学校"，主要为年轻的在工厂上班的父母们服务。美国威斯康星州在 1848 年首先立法建立早教委员会。1873 年，该州政府开始实施美国第一个四年制幼儿园项目。之后，美国其他州开始跟进，学前班、托儿所和幼儿园开始在全国陆续建立。1926 年，美国儿童早教协会（NAEYC）成立，该协会的使命是要为从新生儿至 8 岁的儿童提供高质量的教学和服务，让他们健康、快乐地成长。

美国的早教，或者更确切地说是学前教育，一般以室内运动和音乐启蒙为主。早教形式多种多样，有的让孩子接触各种小乐器，有的带孩子唱歌、跳舞，有的让孩子从小接触各项运动，有的让孩子尽情地进行艺术创作。2岁孩子的芭蕾班、法语班、乐器班、足球班和美术班；3岁孩子的国际象棋班、跆拳道班、体操班等都不足为奇。国内早教与之相比，很多项目起步较晚。例如，国内芭蕾班一般从4岁以上开始招收，乐器班也偏晚。

纽约有哪些早教中心

美国的早教中心既有商业化的一面，也有很人性化的一面。虽然纽约有很多成熟的商业化的早教中心，有的甚至已经全球连锁（如金宝贝等），但它们并不一定是新手爸妈的第一选择。

教堂的早教项目

在美国生活一段时间后就能体会到，哪怕是在国际化大熔炉的纽约，教堂依然是美国社会里富有凝聚力的"纤维"。先不说很多高档的私立幼儿园附属于教堂，很多优秀的早教项目也是教堂建立的。在富人和精英云集的上东区，很多基督教教堂都有丰厚的资金。著名的天主教堂 St. Jean Baptiste 设有一个广受上东区妈妈们欢迎的儿童游戏组（playgroup），那里接收18个月到4岁的孩子，以音乐熏陶、讲故事和手工活动为主，收费是商业早教中心的一半。它虽然谈不上高大上，但是环境温馨，社区感浓厚。犹太教堂也特别重视对儿童的培养，经常组织儿童活动。

第二章　纽约家长对早教也痴狂

文化中心的早教项目

纽约作为世界级的文化中心，从大都会博物馆到林肯中心，再到各类音乐学校和艺术学院，文化艺术机构比比皆是。虽然这些机构并不是针对儿童的，但是它们都设立了早教项目，并被纽约家长所追捧。Diller-Quaile School of Music 是一个拥有近 100 年悠久历史的音乐学校，它的早教音乐课在曼哈顿可谓供不用求。一句"我的孩子在 Diller-Quaile 上音乐早教"可以让很多虎妈虎爸美半天。传闻如果在 Diller-Quaile 上早教班，将来在申请顶级幼儿园时就能大大加分。很多纽约虎妈在孩子刚出生后，甚至怀孕时，就去 Diller-Quaile 报名了。即使这么早，有的孩子还是排在候补名单上！

其实，像 Diller-Quaile 这样的音乐学校，纽约还有很多。例如，两家很有名的芭蕾舞学校，报名也特别难。4 岁女儿洋洋之前一直报不上，秋季班开放报名第一天，我抱着电话在学校开门早 9 点整打进去才拿到名额。另外，洋洋 3 岁开始在纽约中城社区音乐学院 Turtle Bay School of Music 上早教班。学校是一幢 5 层的老楼房，教室虽然古老，但是每个教室都有巨大的落地窗、明亮的地板和一架古老的钢琴。教室里还有乐器房，因为是正规的音乐学校，所以各种乐器都有，而且可以让孩子们随便看、随便摸。两岁以上的孩子开始上音乐启蒙课，学校有一套独特的方法让孩子在游戏和娱乐中学习五线谱并增强乐感。每节课 45 分钟，有大约 8 个孩子。老师会不动声色地让孩子尝试各种乐器，然后记录各个孩子对音乐的敏感度和对乐器的感兴趣程度。4 岁之后，老师会根据孩子的表现，建议家长选择一种适合孩子的乐器进行深入学习，上团体课或一对一的乐器课。最受

音乐早教中心启蒙孩子学习乐器

音乐早教中心启蒙孩子学习五线谱

音乐早教中心小组钢琴课

孩子们欢迎的乐器是钢琴、小提琴和大提琴。纽约对儿童大提琴和小提琴的启蒙特别流行铃木（Suzuki）教学法。这是50年前日本小提琴家铃木镇一把儿童学习母语的一些特征、基本规则和技巧运用到音乐的学习中而研发的一套方法。父母的参与、充满爱心的鼓励和不断重复聆听音乐是铃木方式的几个标志性原理。在钢琴方面，美国孩子没有中国孩子如此热衷，但也有不到4岁就开始学习钢琴的孩子。女儿幼儿园班里的一个女孩儿不到4岁就参加了钢琴小型演出（recital）。

语言中心的早教项目

纽约被喻为世界的"十字路口"，指的是这里聚集了世界各地的人种、语言和文化。在纽约，学语言可谓具有得天独厚的优势。联合国地处纽约，需要各国在纽约设立领事馆，还有很多民间机构在此促进

法语联盟里纽约最大的法语图书馆

本国语言和文化的推广。西班牙的索菲亚皇后西语馆、法国的法语联盟、日本的日语中心，以及中国的孔子研究院都设有程度不一的早教中心。甚至有的语言早教中心为 6 个月的宝宝设置外语课程，从小熏陶，鼓励孩子在 3 岁前接触多种语言，为以后学外语打下坚实的基础。纽约的父母对语言早教很重视，如何养育一个多语宝宝是纽约父母最热衷的话题之一。女儿洋洋从出生后，除了学习英语和中文，还一直和爸爸说法语，两岁以后便开始参加法语联盟的早教班（a petits pas）。语言早教强调身临其境，走进洋洋的早教班就会觉得像来到了法国幼儿园。上了两年法语早教课程后，4 岁的洋洋交了很多新朋友。很多小朋友和她一样是中欧文化的结合，她也逐步建立了对法语的喜爱与自信。

纽约虎妈对待多语教育

有人说纽约是世界的纽约，吸纳了各国精英。确实，在纽约街头能听到各国语言，家庭组合也比较复杂，混血很多。由于这边的保姆大多说西班牙语，所以纽约孩子们基本都是多语种。

我在一所私立学校的宣讲会上结识了一位妈妈，这所私立学校很有特点，教学有两个分支，一个分支是中文、英文双语；一个分支是西班牙文、英文双语。我们谈到了语言问题，她说她教儿子土耳其语，她老公教儿子法语和意大利语，儿子在幼儿园说英语。我听完就有些晕了，然后问她对这所学校的哪个分支感兴趣？她说中英双语。我吃惊地问她："你儿子已经会四种语言了，你为什么还要上这类学校？"她镇定地回答："为什么不？学中文很酷，学五门语言很好啊！"

我家邻居妈妈是美国人，爸爸是法国人，孩子2岁。育儿嫂是从中美洲来的，说西班牙语。有一次我在电梯里碰上了一个中国女孩儿，一问才知道，她是孩子的中文老师，每周3次，每次3个小时。他们家墙上贴着很多词卡，每个词都有4张卡片，英语、法语、西班牙语和中文。家长非常坚定地让孩子从小学好这四种语言。

我在游乐场和一位美国妈妈聊天，她2岁多的女儿跑过来和她说话，我赞扬她女儿英语说得很棒，这位妈妈对我说："她还会说法语和西班牙语！"有次我带女儿吃冰激凌，碰上一个5岁的白人女孩，妈妈说她们刚上中文课回来，还让孩子和我练习说中文。这就是纽约，在街头巷尾不经意就能碰到各类虎妈。

中美早教中心对比

美国0~3岁的早教中心英文名称为 enrichment center。它寓教于乐，以玩儿为主，补充一些家里无法提供的玩具、设施和空间。纽约大多数孩子都是保姆带着上课，氛围有些懒散，这和国内家长认真对待的情形不太一样。如果家里既有保姆，又有预算，何不让孩子们多换几个地方玩玩？我回国后去北京某新开的一家美国早教中心咨询，居然还有一项花费很高的特别服务：老师给家长写孩子的成长报告，并教育家长如何辅导孩子。早教机构换了水土，移居到中国，变身为高大上的教育中心了。

我遇到很多国内初为父母的家长特别焦虑，他们到处打听应该报名上哪家早教班。据说，一些中低收入家庭勒紧裤腰带也要花万元以上让孩子接受早教，只怕自己的孩子输在起跑线上。我们认为，两岁以内的婴儿运动类早教不是必需的，如果有钱、有闲，上上会有益处，但其实父母或保姆在家里完全可以给孩子创造类似的条件，帮助孩子做类似的运动。几乎每个早教中心都有试听课程，家长们试听一圈儿后其实就能明白一二了，主要看自己是否勤快，是否能坚持给孩子做。有的家长认为，孩子在早教中心里不是单纯地为了锻炼或学习，而是这种机会能让孩子多接触同龄小朋友，帮助培养孩子的社交能力，让孩子变得更开朗。这一点，其实也是家长们的想象，目前并没有任何证据证明上过早教课的孩子性格就更好。因此，在孩子两岁以内，家长们不必太认真、太纠结。

平时，让孩子们多摸爬滚打，经常带孩子逛公园、逛商场，在小区里多与其他孩子玩耍，都可以达到同样的效果。而针对两岁以上孩子的专项培训，如芭蕾、跆拳道、乐高等，建议家长以熏陶为期望酌量给孩子报名。

中美早教中心的另一个差异是，虽然品牌一样，但收费模式却差异很大。国内一般是按课时收费，如购买 24 课时、48 课时、100 课时等，买得越多，单节课就会越便宜（早教中心抓住了一些父母贪便宜的心态，实在是高明；可到头来，大部分家长都抱怨最后剩余很多课时用不了）。美国早教是按照学期收费，一般分为秋季、春季和夏季，而夏季就是所

美国早教中心

谓的夏令营；而且夏季收费往往更便宜，因为夏季很多父母都带孩子出游，从而导致早教中心的生源不足。

对比在纽约和北京上过的几个早教机构，我认为美国的早教老师很阳光，但没有中国老师认真，经常晚上课和早下课。美国家长也没有中国家长认真。究其原因，就是前面提到的，美国家长不认为这是早教，就当作去玩，也不贵。而在国内，不知何方神圣将其翻译成早教，名字就比较正式，过于强调教育的含义，收费相对国内人均收入水平又很高，所以家长更重视，要让孩子赢在起跑线，老师也不敢松懈。

美国的早教中心和国内的相比还有一个区别，就是老师既是前台，也是销售，还负责打扫卫生。一个中心只有两三个人在运营，每个人什么都做。我看到后感到很惊讶！这也是为什么他们运营费用比较低、学费不会太贵的原因。国内的早教中心装修奢华，有专门的几名前台，有专门的多名销售，还请有一堆外教和保洁人员，成本能不高吗？

值得称赞的是，美国早教中心经常举办晚上"托管"服务。例如，情人节当晚，很多早教中心会举办特殊活动，家长们可以把孩子送进去然后去过二人世界，享用浪漫晚餐。有的早教中心还在每周末晚上举办儿童活动或派对，这样家长们就能单独约会或晚间会友。这样的活动一般接收两岁半以上的孩子。

记忆最深的是，某天一家纽约的早教音乐课老师和我们告别，他说以后不来上班了。一问才知道，因为他想多赚钱，所以转行去餐厅当服务生了！这又一次让我感到震惊。有机会带孩子到美国体验一下西式早教课，绝对会带给你不一样的感受！

第二章　纽约家长对早教也痴狂

美国早教中心周末托管服务

第三章　幼儿园教育不简单

幼儿园的教育分类和教育理念

美国幼儿园基本都是私立的（纽约 4 岁起提供义务教育）。如果是贫困家庭，政府会给幼儿园补贴让孩子入学，也有专门针对政府补贴设立的幼儿园。幼儿园的教育风格属于百花齐放式，各有各的理念和特色，硬件和软件参差不齐。虽说百花齐放，其实可以把它们归拢为结构型和自由型两大阵营。长期以来，这两大阵营的专家也一直在辩论各自的优势和劣势。

结构型（structured or academic）无疑属于传统的教育方式。很多历史悠久、竞争力很强的幼儿园都归入这一队。其特色是强调阅读（reading）、写字（pencil grip）、合作（collaboration）和秩序感（discipline），为孩子进入小学做好一切准备。这种结构型也称为学术型的幼儿园，和国内很多公立幼儿园异曲同工。纽约知名的 Garden House School 就是这一类型幼儿园的代表。每天的课程都由老师设计规划，时间表排得密密麻麻，包括孩子们的玩耍时间（playtime）和锻炼时间（gym time）都是规划好的、有时间限制的。老师事先准备玩耍时间的玩具，如乐高或者积木，而不是让孩子自己随便选。每天的课程由阅读、数学、科学和练笔为重头戏，每周还会加音乐、芭蕾和法语课。

曾经在很长一段时间，这种结构类传统幼儿园是美国早教的主流，但近年来另一类型幼儿园发展很快，势头很猛，已经逐渐能与其平分秋色。传统的结构型幼儿园也在不断地探索如何发展与变革，在保持高质量的早教成果的同时与时代紧密接轨。

自由型（play-based）幼儿园近10年来在美国发展得非常快，并且被许多年轻的、教育程度较高的、思想比较民主的家庭所推崇。自由型的教育模式是让孩子们以自己的兴趣来选择自己想学的东西并开展活动。自由型幼儿园有时也叫"以儿童为中心模式"的幼儿园，强调"玩中学"（learning through play）。其教室往往有多个"核心区域"，如一块是厨房、一块是科学试验区、一块是玩水区、一块是图书角和玩具角等。老师会鼓励孩子们选择自己感兴趣的区域展开活动，在玩耍中学习知识，培养和发展社交等多方面能力。支持自由型模式的专家认为，幼儿园或者早教中心的最终目的并不是要孩子们在上小学之前就学会读书认字和简单算术，而是赋予孩子们对学习的好奇和热爱，一些社交与合作的技能，以及适应教室和学校环境的能力。

美国幼儿园的早教理念有很多，最著名的几个要数蒙特梭利（Montessori）、Waldorf 和 Reggio Emilia。

Montessori，国内称蒙特梭利。蒙特梭利理念是20世纪初期在罗马由一个名叫玛丽亚·蒙特梭利的早教专家提出并研究发展的。这种理念强调以儿童为中心，让老师只做引路人，其理念和前面讲的自由型早教一致。与自由型理念不同的是，蒙特梭利同时非常强调硬知识的学习，并坚持孩子学习进程的快慢应该由他们自己来决定。蒙特梭利名气最大，因为它是早教发展的先驱，现在任何教育理念、任何模式都受它的影响。蒙特梭利有自己研发的一些特别的玩具，如蒙特梭利拼图、各种数学小玩具等。孩子们被鼓励自己独立做一项工作，而不是由老师来教他们。老师的任务只限于指引他们找到相应的材料和工具，必要时会加以指导。例如，他们自己来拼图、自己研究。如果拼不起来，老师会来提供帮助。蒙特梭利理念非常重视独立性，只有先独立才能建立真正的自信，有了自信才能更好地社交。每个孩子都被要求独立完成自己的工作后，才可以帮助别人或与别人合作，所以教室里一般都很安静。蒙特梭利学校的

蒙特梭利幼儿园教室

班级不以年龄划分,而是各年龄段混班。因为它们的哲学是 3 岁以上的孩子们能够独立开展与自己能力相符的活动,混班的大孩子可以给小孩子树立榜样,孩子们也可以观察到不同年龄段同伴的行为和习惯。许多家长选择蒙特梭利是因为他们希望给孩子们灌输独立意识,并培养他们的领袖才能。但是,也有很多家长对班级的年龄混杂状况不太满意,他们对这种几乎让 3~5 岁孩子"特立独行"的理念望而却步。

Waldorf 被称为华德福,其教育理念也自成一派。目前,全球已有 3000 多所华德福学校和幼儿园。第一所华德福学校创立于 1919 年。华德福教学法将儿童的成长分成三个阶段:幼儿园注重实践和手工活动;小学重点发展艺术才能和社会技能,培育创新和分析理解能力;中学注重发展批判性思维和培育理想。华德福使用定性而不是定量的方式来评估学生。

近年来,美国幼儿园教育也在如火如荼地发展,趋势是自由型和结构型两大阵营越走越近。很多传统的结构型幼儿园在慢慢提高对玩的重视,并更多地考虑孩子在学习上不同的爱好和节奏。同样,自由型的幼儿园也在加强对教育效果的考核和提高,适当的时候为需要的孩子提供一些结构指引。在美国,选择一个理想的幼儿园往往会让人眼花缭乱,但是只要你对自己的孩子足够了解,能事先认准是结构型还是自由型的教育模式更适合他／她,那么大方向就对了。

申请名牌幼儿园,家长、孩子都要面试

国内的家长们认为,孩子从小竞争激烈,各种压力不堪重荷,特别

向往国外的教育制度，以为国外教育就意味着轻松愉快，其实大不然。在美国，像纽约这样的大城市，竞争也非常白热化，特别是幼儿园和小学的选择和申请环节。说到底，就是因为大城市孩子多，家长对孩子的期望高、经济条件好，好学校的位置供给满足不了这些需求。因此，家长们"八仙过海，各显神通"，使出浑身解数帮孩子申请好学校，其激烈程度与国内不相上下。

纽约的顶级私立学校都有一些"定点"幼儿园（feeder school）。因为很多私立学校是 K–12（相当于学前班到高三）连读，踏入一个名牌幼儿园就意味着很容易进入一流的私立学校，从长远来说也就意味着一条腿已跨进常春藤或其他名牌高校了。这简直就是一劳永逸的买卖！纽约家长为了能够让孩子挤进一家名牌幼儿园，可谓绞尽脑汁。还有一种说法，这样的顶级幼儿园其实也是一个变相的社交俱乐部（country club），一旦进去了，可以证明一个家庭的社会地位并影响未来的社交圈。

本书的后面章节将会详细地讲述在纽约申请私立学校的具体步骤。首先，来看看幼儿园申请的种种"欢乐"吧。在纽约，冲刺顶级幼儿园的战役在入学前一年的 9 月初美国劳动节后的第一天打响。很多学校要求家长打电话要申请表，有的家长从早上 7 点就开始拨电话号码。因为好几百人同时拨同一个号码，大家常常在痛苦地听过几个小时的忙音之后才能拨通。有的甚至在电话旁苦守一天终于拨通后，被无情地告知申请表已经发光了！这样令人哭笑不得的经典场面在纪录片《幼儿园大学》（Nursery University）中有精彩的描述。家长们在抓狂的同时也不敢松懈，继续和这种游戏规则搏斗到底。近两年来，由于早教行业的蓬勃发展，家长们的选择较前几年丰富了很多。另外，大部分幼儿园都开通了在线申请流程。但别高兴得太早，虽然不必捧着电话，但是顶级幼儿园居然改成抽签申请的方式了。是否有资格申请，要拼运气！若能拿到面试机会，就应该好好庆祝一下啦！

一般情况下，一个孩子要申请3~6家幼儿园（preschool），填写申请表只是第一步。很多学校要家长写一些看似简单却暗藏机关的短文。通常这种短文包含如下几个话题。

- 请描述你们一家人平时喜爱的活动。
- 请描述你的孩子每晚如何入睡。
- 什么样的教学环境最适合你孩子的发展。

大部分私立幼儿园还会要求附加一张家庭合影。这常常又让各位虎妈虎爸急出一身汗。有的马上会去找一小时600美元的高级摄影师在家里、公园里昏天黑地照上一堆，然后精心筛选。过度积极的家长还会附带好几张照片，意在展现孩子在不同场合下的风采，有静有动（据说，学校招生办并不喜欢这种张扬式的）。有的家长还会特意拍摄孩子学钢琴或者芭蕾舞的照片，以显示超前教育。有的会强调家庭温馨的画面，兄弟姐妹齐上阵。总之，各家都是费尽心机，各显神通。家长们常笑说，这比自己当年在网上找对象（internet dating）选照片还费劲儿。

填完表、递交申请后，就是等待。一般来说，幼儿园会在11月开始进行"学校参观"和"孩子面试"。学校参观是给家长一个仔细观察学校的环境、硬件和师资状况的机会。同时，这也是学校观察和"面试"父母的一个契机。私立幼儿园不仅要筛选学生，同时也要笼络将来可以为学校出钱、出力的家长，因为幼儿园的一部分资金要来源于家长的募捐和集资。在参观学校的那天，家长们都会盛装打扮。爸爸们一律名牌西装和领带的搭配，有些家长还会为此特意花上千美元买新衣服，重视程度之高可见一斑。

学校参观结束后，就轮到孩子们参加面试了。很多人听到让两三岁的儿童面试觉得太夸张。其实，所谓的面试就是让5~6个孩子聚在一起做一个游戏聚会（playdate）。老师会安排一些积木、乐高和其他的玩具让孩子们自己选择玩耍，时间从30分钟到60分钟不等。在此期间，会有2~3位老师坐在一边观察，老师也会单独和孩子一对一地进行互动。面试后，家长要集一切赞美之词给学校写感谢信，希望学校能记得他们。有少数学校会另外安排家长面试，幼儿园园长要亲自问家长一些有关孩子的问题。我好友生活在纽约旁边的新泽西州普林斯顿地区，给3岁女儿申请知名的幼儿园，还需要推荐信。孩子的保姆以前是私立幼儿园的老师，足足给幼儿园写了3页纸的推荐信。

如此过关斩将后，迎来的又是一番等待。元旦过后的2月份，各大私立幼儿园会发出"录取通知书"。被理想的幼儿园接收家长们欢心雀跃，有的家长戏称这比自己接到哈佛商学院的录取通知书时更加令人激动。虽然没有官方的统计数据，但传说纽约的顶级幼儿园的录取率低到了真正的百里挑一。第一轮没有能够挤入顶级幼儿园（top school）也并非穷途末路，很多学校有候补名单（wait list）。每年都有很多拿到几份通知书的孩子，他们不来而空出来的位置就会顺延给候补的孩子。目前，很多文化中心、早教中心也开始申请执照开设幼儿园，如New York Kids Club、French Institute等，以便给纽约的"失学儿童"提供更多的选择。

最近几年来，还有好多纽约家长联合起来自己投资开办"合作社幼儿园"（community cooperative school）。值得一提的是，纽约还有一所天才幼儿园Hollingworth Preschool，设在哥伦比亚大学教育学院里，为3~5岁儿童提供启发式天才教育。每班16~19个孩子配4名具有硕士学位的老师。

如果真是一心要把孩子送进顶级幼儿园，但又感到申请的程序太折磨人，也还是有办法的。我的一位邻居为了能够成功申请上东区一个所谓的贵族幼儿园，竟然找到了一个专门为申请私立学校而设立的咨询公司，收费从800~5000美元不等，由经验丰富的顾问手把手地带她驾驭整个过程。她认为这几千美元换来的可能是孩子一生的"优质"轨迹和自己的社交圈，不是用5000美元可以衡量的，这是一项长期投资。

还有一位华人朋友申请了几所私立幼儿园。在参观学校时，她看着其他穿着华丽的白人家长，觉得自己在纽约举目无亲，没有任何关系，心里就越发没底。于是，她选择了两所自己喜欢的幼儿园，打开它们的网站，在捐款链接下面直接为每家幼儿园捐了5000美元。她捐完后感觉踏实了，但又怕捐了款而人家招生办不知道，于是开始了新一轮的迷惘。我很理解她的无奈和忧虑。新移民在申请上劣势凸显，但他们往往又想让孩子融入当地良好的教育环境，那就只能自己想出路了。

还有一个真实案例。花旗集团一位著名的电信行业分析师为了让他的龙凤胎儿女进入纽约顶级的92Y幼儿园，在老板的压力下提升对AT&T的股票评级。作为对他的"回报"，花旗集团给92Y捐款100万美元，使其龙凤胎得以顺利入学。后来，东窗事发，这让纽约人大跌眼镜。纽约的犹太家长认为，92Y幼儿园是进入哈佛大学的第一步，为此记者居然采访了哈佛大学的发言人。他表示，以前没有听说过这家幼儿园，并补充说："这并不是说它不出色，也许很不错。"真是让人啼笑皆非，这就是真实的纽约。

幼儿园学知识很趣味

转眼9月份到来，两三岁的孩子们终于可以背上书包步入他们的第一篇章。孩子们在幼儿园里到底学什么？以女儿洋洋就读的Garden House来举例吧。3岁的孩子通常是上半天，每个班8~10个孩子，时间上分5个时段，每天都略有不同。第一个30分钟，是圆圈时间（circle time），孩子们在地毯上坐成一个圆圈，听老师计划新的一天，同学和老师之间展开各种互动。第二个20分钟是玩耍时间（playtime），Garden House是传统结构型幼儿园的代表，玩耍时间也是由老师来领导的。老师会根据教学计划来安排玩具或者手工，给孩子们一些简单的规则和引导，让他们自己展开活动。活动结束后是体育课。天冷的时候在室内体育场，天热的时候去户外。20分钟运动过后回到教室开始一天中最长的时段——40分钟的阅读或者数学课。因为每个班只有10个学生，配两名老师和一名实习老师，在教学上完全可以达到个性化。老师会根据每个孩子的基础和学习的进度量身定制一个方案。有的小孩学得快，老师就加快进度。

有些双语家庭的孩子入学时还不太会说英语，老师就会分开讲课，不到半年的时间，那些孩子就基本可以跟上母语孩子的英语水平了。洋洋就读幼儿园两年后，从一句英语不会到可以读写26个字母和简单的两三个字母的单词。数学能数到50，还会做简单的加法。

除去右图上面描述的几个固定时段，幼儿园每星期都会有特色课（specialty class），如音乐、瑜伽、烹饪、芭蕾和外语（法语、西班牙语和中文最为常见）。特色课由专门的老师授课，有些是从校外聘请的。

幼儿园里比较有美国特色的一个活动是展示与讲述（show and tell）。3岁孩子的表达能力常常令大人吃惊。展示与讲述有很多版本，比较常见的是让孩子选择一个日常物品（如闹钟、玩具和书）

幼儿园每日课程时间表

带到学校里，然后用1~2分钟时间围绕这个物品给老师和同学们讲解一番，完全天马行空，没有任何规则和拘束。孩子们自由发挥，实在讲不出的时候，老师会笑着提两个问题，帮助他们组织一下自己的句子。很多大人听到即兴演讲会头皮发麻，但是孩子们都乐此不疲。演讲每周轮一次，当轮到自己的时候，他们都很兴奋和自豪。我们分析美国学生总体都比较擅长演说（public speaking）和辩论（debate），可能和这个看似微不足道的幼儿园活动有关。由此可见，从小着手培养孩子的口才很重要。

虽然在幼儿园没有什么班长、委员之类的职务，但美国的幼儿园每个班往往都有一个职务表，每个小朋友都会有一个职务，而且每天轮换。一般来说，幼儿园有如下职务和任务：领队（line leader）、天气预报员（weather helper）、点名员（attendance helper）、日历宣告员（calendar helper）、清洁工（clean-up helper）、整理桌椅工（chair-pusher）、发午餐垫（placemat helper）、倒饮料（cups helper）、发放消毒纸（magic dot helper）、发放餐巾纸（napkin helper）。

虽然孩子们才三四岁，但他们对自己的职务很有责任感和成就感。到了午餐或者休息的时间，幼儿园老师经常会拿个凳子坐在一边，笑眯眯地看着孩子们涨红了脸忙得热火朝天。幼儿园的这些职务看着像儿戏，其实是在培养孩子的担当和责任感，以及他们的合作能力和处理问题的能力。到了吃午餐或者辅餐的时候，孩子们经常乱作一团：发餐巾纸的少发了一个同学，或者发消毒纸的忘记就餐前发了，或者倒水的把水洒了等。老师只是轻轻地在旁边提示，并不会替孩子们完成任务，也不会帮他们解除纠纷。孩子们虽然小，但是很快就会明白哪些职务是"好差使"。比如说，点名员是很多孩子喜欢的，因为可以站到大家面前一个个喊到。有的喜欢当天气预报员，因为可以自由发挥，天马行空地对天气形容一番。当日历宣告员有点复杂，因

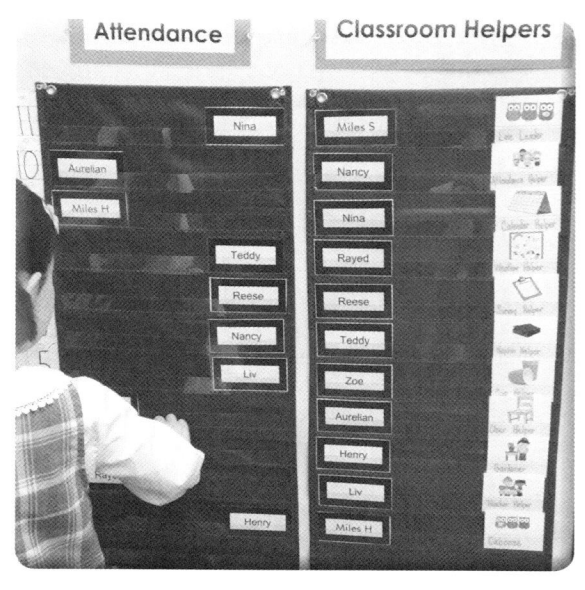

幼儿园职务表

为要学会读年、月、日还有星期几。最让孩子们羡慕的是领队。如果这一天他们的职务是领队，那么所有需要排队的时候（去体育房、去吃饭，甚至去厕所）都是领队站在第一个。孩子的性格在这个时候也开始展现了。洋洋好强并有点表现欲（非爹妈遗传），每天都想当光鲜的领队或者点名员，如果没轮上就有点儿悻悻的，缺少兴奋感。她的好朋友 Stella 性格内向，爱吃零食是个小"吃货"，她喜欢当午餐协调员，对发放饮料、消毒纸之类的工作乐此不疲。这些小细节老师都能观察到，也会和家长分享，很有意思，也很有价值。

Art Farm——孩子与小动物的亲密接触

纽约很多幼儿园和 Art Farm 机构合作，以便让孩子们近距离地接触动物。Art Farm 每周派老师带着动物到幼儿园给孩子们上课，让孩子们触摸这些动物，给他们讲动物的特性，以及如何饲养它们等。老师带的动物有各种鸟类、热带鱼、螃蟹、海星、蜥蜴、乌龟、小兔子、南美栗鼠等。例如，有一次老师带了沙漠地带的三种动物，给孩子们讲什么是沙漠，沙漠会很冷也会很热，有非常干燥的气候特征等。第一种动物是蓝色装死甲虫（blue death feigning beetle），遇到天敌就装死；第二种是大型蜥蜴（chuckwalla lizard），它的尾巴可以储存水；第三种是仓鼠（hamster），它会打洞让自己藏在里面暖和起来，还会把食物藏在自己的脸蛋里。有一次老师带了三种生活在水塘里的动物：豹纹蛙、虎螈和红耳乌龟，给孩子们讲这几种动物如何聪明地从天敌的追捕中逃脱。冬天到了，老师还会带甲虫、鸟和其他小动物给孩子们讲它们如何熬过寒冬；另一次课给孩子们讲为什么有些动物的表皮是光亮的。

Art Farm 教小朋友认识各种动物

Art Farm 教小朋友认识各种动物

我对动物知识了解甚少，现在 4 岁多的女儿经常给我扫盲。例如，告诉我 turtle 与 tortoise 的区别（我以前只知道两个单词都指乌龟），以及各种昆虫的特性等，让我对她刮目相看。

Seed to Table——植物课

很多幼儿园与 Seed To Table 机构合作，其派专业老师给孩子们上植物课。之前，我以为这种课就是简单地种花种草，可看完学校的每周报告，我才知道内容还是挺丰富的。例如，老师会给孩子们看各种种子，把苹果切开让孩子们找哪个是种子；对比草莓给孩子们看草莓种子居然在外

Seed To Table 教小朋友认识植物和水果

Seed To Table 让小朋友制作祝福小旗

皮上。有时老师会拿很多原料和水果，让孩子们在认知的同时，还可以当零食吃。孩子们亲自动手在学校花园里种蔬菜和水果，种完后再想象果实长出来后的样子，动手在"祝福小旗"（wishing flag）上画出来，然后插在花圃里，以带给这些种子好运气。老师会拿很多叶子，讲叶子的经脉及作用，甚至让孩子们品尝叶子的味道。他们教孩子们用面包、蔬菜、水果和报纸作混合肥料，让孩子们猜测肥料发酵以后的样子。

每月学习主题

有的幼儿园会设有每月学习主题，每天活动围绕着这个主题展开。

第三章 幼儿园教育不简单

最鲜明的是10月，10月一般都以南瓜为主题（美国南瓜非常高产），以橙色为主色调。老师陪孩子们去买南瓜，通过观察南瓜学会比大小、颜色和形状，让孩子们画南瓜，打开南瓜让孩子们认识里面的瓤和籽，给孩子们做南瓜泥吃，在南瓜上设计图案刻南瓜灯。美国还有很多可爱的小南瓜，1美元一个，老师会买来一堆，让孩子们躺在地上，从头到脚摆满小南瓜，用南瓜个数比身高，教孩子们数数，即趣味数学。11月份一般以落叶为主题，让孩子们捡落叶、数落叶、用落叶做手工，画落叶，通过落叶认识颜色和形状。还有比较普遍的是以人体为主题，让孩子们认识自己的身体，老师会教孩子各种人体词汇；让孩子们描述各自的头发和眼睛的颜色；给孩子们量身高、体重，从中教孩子认知数学；孩子

幼儿园用南瓜量身高教孩子数数

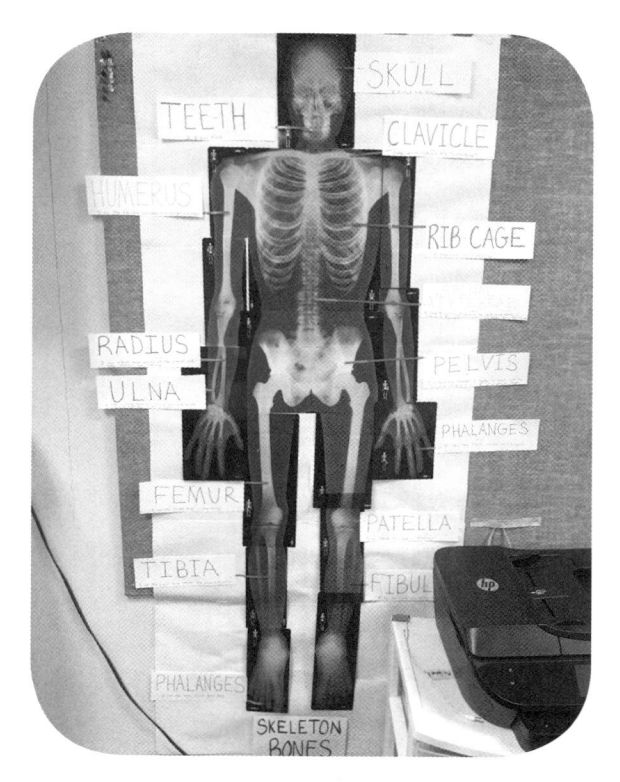

幼儿园教的人体词汇

躺在纸上，老师画出和他们同比例的模型，裁剪好后让孩子们观察自己，画出自己的器官，锻炼孩子们写自己的名字，然后展出。有的幼儿园3岁班学习的人体词汇，其难度让我们这些成人移民都大跌眼镜。课堂上有时候还以牙齿为主题，会讲有关牙齿的知识，会请儿童牙医来给孩子们上课；还有动物主题，如恐龙。班上的孩子们对各类恐龙超级复杂的英文单词都朗朗上口。在世界美食主题月，家长们都积极提供各国美食让孩子们品尝，老师还会通过美食引导孩子看世界地图。通过每月的趣味主题，可以把很多知识点融入其中，寓教于乐，使孩子们更容易掌握

第三章　幼儿园教育不简单

幼儿园同比例人体画

很多抽象的概念。

阅　读

如果说国内学校特别重视考试成绩，那么美国学校最重视的是阅读。阅读习惯是从小培养的。有些幼儿园会专门请童书的作者到幼儿园亲自给孩子们读自己写的书，和孩子们探讨书里的内容，激发孩子们读书的热情。孩子们见到作者本人后都非常开心！很多图书馆、书店和儿童博物馆也会邀请作者到现场给小朋友们讲书。美国社区图书馆特别发达，纽约每隔几条街就有一个大图书馆，里面最好的位置一定是儿童区，孩子们可以随便借阅，图书馆每周免费给孩子提供读书活动。

纽约社区图书馆每周读书活动

美国著名书店里的儿童区

写日记

幼儿园的四岁班,一般都开始让孩子们写日记,更准确地说是"画"日记。幼儿园给每个孩子提供一个厚厚的大笔记本,让孩子把所思所想画下来,然后告诉老师想表达的意思,老师会在画的上面或下面写出文字。刚开始孩子可以描老师的字,慢慢就会尝试自己去写简单的单词。孩子的写作热情和写作能力就是这样一点一滴被培养出来的。

幼儿园小朋友的日记

科学课

美国幼儿园也很重视科学的教学。例如，老师讲如何做面包时会解释酵母的作用。为了让孩子理解酵母，老师会做发酵实验：把糖放到酵母瓶里，酵母则释放出气体，名为二氧化碳。孩子们亲眼看到套在瓶上的气球膨胀起来都感到很惊讶。老师通过亲自动手操作让孩子理解了是酵母让面包产生了洞洞。老师还会给孩子们讲解浮力：让每个孩子用锡纸做成小船，放到水盆里；再把一些小玩具慢慢放进船里直到船沉下去。最后，让孩子们思考：为什么船会浮起来？什么让船沉了下去？把船变成什么样子可以让它承载更多的玩具？

幼儿园科学课堂—酵母的作用

第三章 幼儿园教育不简单

幼儿园科学课堂— 浮力

节日庆祝

美国孩子最喜欢的节日是万圣节（鬼节）。在纽约，这天晚上会举办世界上规模最大的万圣节游行，2016年已经是第43届。各个幼儿园也会组织很多庆祝活动。例如，幼儿园会提前把教室布置得很诡异，举办万圣节游行（Halloween Parade），孩子们盛装打扮，穿上各种奇装异服（costume），在幼儿园里给家长们走秀。

在感恩节，孩子们也很忙碌，幼儿园一般会组织孩子做公益。例如，

从纽约起航——我们为什么送孩子去美国读小学

幼儿园万圣节孩子游行

让家长们捐面包、果酱、火腿、奶酪等，孩子们做三明治，然后送给穷人。情人节时，幼儿园也很热闹。家长们会给每个孩子准备一张小卡片，一个小礼物（铅笔或糖），称为情人节礼物（Valentines）。情人节在美国比较广义，除了象征爱情，也象征忠诚、友谊和亲情，所以孩子们互相赠予卡片和礼品，表达爱意。在世界地球日，孩子们会用环保材料制作很多手工艺品，在幼儿园里展示。

第三章 幼儿园教育不简单

儿童活动中心都组织过万圣节

纽约人口比较纷杂，一般幼儿园都有来自各个种族和各个国家的孩子，所以每到各个国家的传统大节，幼儿园也会相应地庆祝，顺便给孩子们讲讲该国的文化。纽约市已经把中国的春节作为正式节日，公立学校放假一天。春节前后，我们中国家长会比较忙碌。例如，帮助老师用中国元素布置教室，给孩子们送去饺子等中国特色食品，给孩子们讲春节的故事等。另外，爱尔兰的 St. Patrick's Day 也是一个大节日，届时也会有相关的庆祝活动。

年度记录册

美国老师一般会固定带某一年龄段的孩子，到了新学年孩子们就要

幼儿园老师制作的年度记录册

换班级、换老师。毕业前，老师会做一本温馨的册子送给学生，里面有孩子的照片、小手工，还有孩子们的成长对比图。例如，会记录孩子学年初和学年末的身高和体重，进行比较；学年初，让孩子们画一些图形，写一些字母，学年末，再让孩子画同样的图形，写同样的字母，看看孩子的进步；学年初，在纸上给孩子们留手印、脚印，学年末再留一遍，看看长大了多少。老师们都心灵手巧，每一本记录册都做得超级精美。这些记录册很有保留价值，让家长们很感动。我好友在新泽西州的学校做班级妈妈（class mom），学年毕业时老师送给她一条精美的项链。这是老师花了很多时间自己做的，感谢她为班级的付出。看到她和老师拿着项链礼物的合影，我又被感动了一把！

幼儿园出游

由于空间有限，纽约的幼儿园不管多么高大上，硬件都没办法和中国大城市里的比。我的外甥在南京一所军区附属机关上幼儿园。他们宽敞明亮的教室、庞大的体育场和各种游戏室、音乐教室等能把纽约所谓的贵族幼儿园甩得远远的。但是，纽约的学校彻底贯彻了"城市就是最好的大课堂"（City is the best classroom.）的理念，充分利用这座城市里所有

幼儿园出游照片

的资源。虽然纽约有些破旧、脏乱，却拥有独一无二的优美的中央公园和比比皆是的世界级博物馆。不管是幼儿园还是小学，只要在中央公园附近，你去学校参观，老师们都会毫无例外地向你讲述学生们是如何充分利用中央公园这一宝贵资源的。刚从国内搬到纽约的家长常常啼笑皆非，笑说纽约的孩子实在是没有空间，才能将公园利用到极致。

除了中央公园外，纽约市还有大大小小的一百多个公园，比较有名的有炮台公园（Battery Park）、哈德逊河公园（Hudson River Park）、河边公园（Riverside Park）、麦迪逊广场公园（Madison Square Park）、华盛顿公园（Washington Square Park）等。纽约市公园面积总共占地113平方公里，另外还有22公里长的公共沙滩。最棒的是，纽约公园里经常举行各种免费活动，周末很多活动是针对儿童的。据纽约市政府统计，每年纽约公园基金会大约开展1200多个免费的文艺活动，包括赫赫有名的中央公园的夏季舞台系列，以及爵士乐节和免费的话剧、画展等。每周末让纽约家长最头疼的不是没有活动参加，而是在众多免费活动中要选哪个参加。美国有统计结果表明，居住地离公园越近，儿童的认知能力越高，上课时的注意力越集中。这也表明城市公园能够影响儿童的心理健康。

在纽约这样有浓厚艺术气息和国际化的城市氛围中，很多幼儿园会通过带孩子们出游来弥补其硬件的不足。郊游一般要到小学才开始。幼儿园一般组织短途出游。比如，去中央公园的动物馆看海狮和企鹅，去哈德逊河边看帆船，去麦迪逊广场公园看雕塑等。幼儿园也会组织室内游，如去历史自然博物馆看恐龙，去大都会博物馆看名画、去剧院看儿童舞台剧等。每次出游，老师都会召集家长来当志愿者，也叫陪伴监护

第三章　幼儿园教育不简单

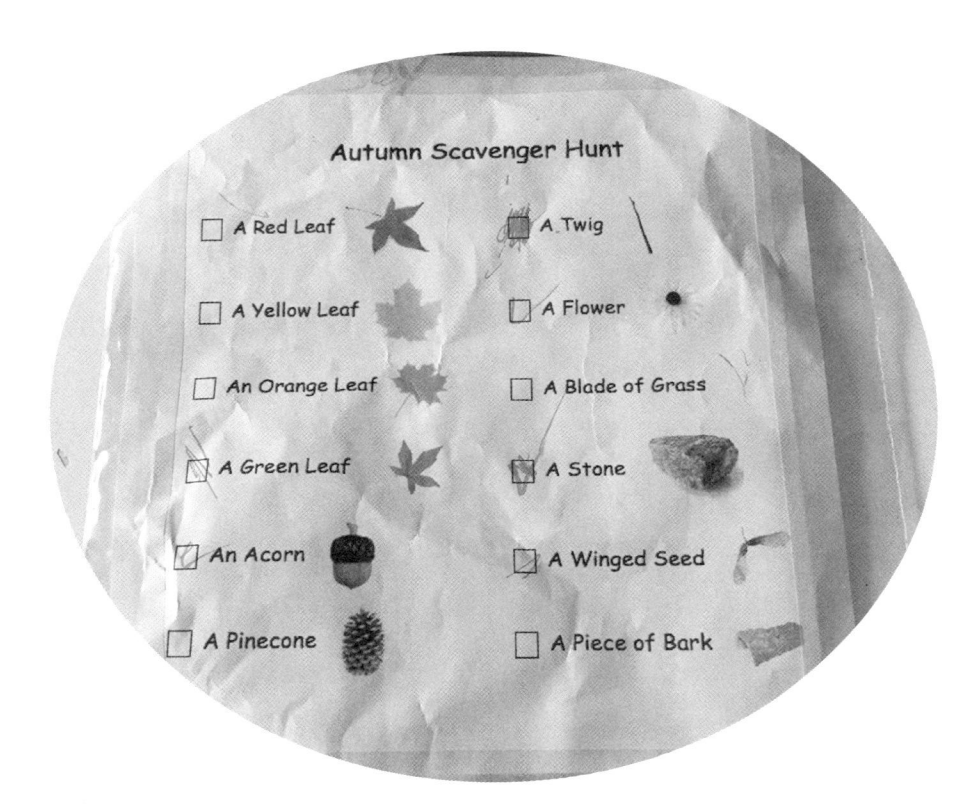

秋天去中央公园寻宝的宝藏单

人（chaperon）。家长参与，既保证安全，又提供食品，也可以观察孩子在幼儿园的表现，并找到回归童年的感觉。通常在短途旅行中，幼儿园还会开展一些寓教于乐的小活动。洋洋和同学们 11 月份去秋意盎然的中央公园做寻宝游戏。每个小朋友都有一张宝藏单，上面列有在公园里可以随处发现的植物、动物或图案，如榛果、树叶和野花等。小朋友们分成不同的小组，找到一个"宝贝"就要让随从的家长给他们画钩。小朋友们把宝贝全部找到后还不算成功，要小组的同学都找到了才算赢。这个游戏既可以增加孩子的词汇量，又能锻炼他们的观察力、团队合作能力和协调能力，同时还能让他们在纽约最美的时候感受到自然的奇妙。随从的家长只恨自己没有三头六臂可以360°摄影、照相，孩子们热火朝天地在11月的公园里寻宝真是难忘的一个画面。

游戏聚会社交潜规则

除了学习，幼儿园里各种大大小小的社交潜规则也非常多，新手爸妈常常感到手足无措。同学游戏聚会（playdate）就是个重头戏。请谁参加？在谁家举办？是妈妈陪同，还是保姆陪同？如何"礼尚往来"？这些都是有很多规则的。同学们聚会多了，就渐渐形成了一个个小社交圈，家长也因此频繁来往，有的甚至成为密友或生意伙伴。这也体现了所谓的进名校的重要性。

同学聚会的潜规则

第三章　幼儿园教育不简单

我的一个韩国朋友每年开学前就开始研究女儿幼儿园班上同学的花名册。纽约大部分的幼儿园会给每个家庭寄来一张单子，列上所有同学家长的电子邮件和地址，以便于家长间进行直接交流。地产界最重要的一个词是位置（location），纽约则是地产界最典型的案例。纽约人都心知肚明：上东区东西方向以莱克星顿大道（Lexington）为界限，莱克星顿大道以东虽然优越但只能算是中产阶级，莱克星顿大道以西到第五大道被称为"黄金海岸"（南北方向从60街到86街为最佳位置），这一区域才是真正的所谓上流社会、富豪和贵族云集的地方。纽约人往往把家庭地址当作社交宝典。例如，我的这位韩国女朋友研究完花名册后，就基本确定女儿班上哪些同学和她们是一个阶层，而哪些是真富豪。根据如此判断，在开始安排同学聚会的时候，她尽量回避富豪群体，怕有压力。据说有的家长一看到你家地址在莱克星顿大道以东，就根本不会邀请你和孩子到家里来玩儿。有一次，这位韩国朋友的女儿被邀请去一个住在麦迪逊大道别墅（黄金海岸内）的同学家（相当于住在上海淮海路上的独门独户洋房）去参加同学聚会，她纠结得差点儿睡不着。不去吧，觉得面子上有点儿过不去，何况每天上下学都见到。而且女儿被邀请，她心里还有点儿窃喜；去吧，又觉得以后免不了回请，家里的小公寓首先根本玩不开，再者会不会让人家笑话……结果还没等她做决定，女儿倒先感冒了，最终没有去成。她告诉我她们后来再也没被邀请过。

身边还有很多跟同学聚会有关的小故事。洋洋小班里有两个男同学，他们的爸爸一个是做金融的，一个辞职后自己创业。他们偶尔在一次同学聚会上碰到，因为一般很少有爸爸陪同孩子参加聚会（大多数情况是妈妈或者保姆陪同），所以两个人惺惺相惜，立刻亲切地聊了起来。后来，他们发现两人的兴趣十分相投。比如，他们都喜欢滑雪，喜欢英超，大学专业都是机械工程。于是，两人飞快地结成奶爸朋友。更有意思的是，一年后，做金融的爸爸决定辞去自己在大通银行的工作，加盟那个奶爸的创业公司做 CFO。现在两家是很亲密的好朋友，暑假一起结伴旅行，冬天结伴教孩子滑雪。值得一提的是，两家一个住在如雷贯耳的公园大道（莱克星顿大道以西），一个住在莱克星顿大道以东的非常中产的约克大道，打破了传统的地域交往的潜规则。

同学聚会有时候需要家长极具自信。我还有一个做讼诉律师的妈妈朋友，哈佛法学院毕业，再奋斗一两年就可以成为律所合伙人。这样自信心爆棚的职业女强人，一到和全职妈妈们打交道时就变得束手无策。她没有时间经常去学校，为了弥补孩子，就在孩子生日那周咬牙请假一个星期到处带儿子参加各种活动和同学聚会。她笑说自己给儿子最贵的生日礼物是自己的时间。她对班上同学的家庭不太了解，也没有像韩国妈妈那样研究过花名册。第一次召集同学聚会，她问儿子想和谁一起玩，儿子一口气报了六七个名字，她就信心十足地去邀请了。7 个同学里面有 4 个婉拒了，他们都说已经安排了其他计划。她约了其他 3 个同学一起去中央公园做同学聚会，因为她自己家实在太乱了。她这是歪打正着，因为很多住在第五大道和公园大道豪宅的家庭常常把中央公园当成后花园，参加她这次同学聚会的 3 个孩子恰好都住在中央公园旁边。

几个孩子到了公园马上玩得热火朝天，几个妈妈也买了咖啡开聊。15 分钟过去了，我的律师朋友还没插上嘴，一个劲儿地喝咖啡。她平时的能言善辩到了这里根本没有用武之地，因为那三位妈妈聊得火热劲爆的话题对她来说好像是外星球的事情。比如，今年大都会博物馆的年度慈善晚会的各种八卦；卡耐基音乐厅的圣诞募捐筹办会的进展情况；冬天是去阿斯本（Aspen）滑雪，还是去瑞士？夏天的周末是去汉普顿（The Hamptons），还是玛莎葡萄园（Martha's Vineyard）？去汉普顿高速太堵了，可以打直升机去，就像叫优步（Uber）一样容易！可能看她不作声，其中一个妈妈转头问她长周末准备带孩子去哪里？她说可能会去新泽西的亲戚家。大家沉默了一下，有点儿尴尬，立即换了一个话题。晚上，她打电话向我哭诉，说感觉一个小时的同学聚会比一年还长，在法庭被法官臭骂时都没有像今天这样的挫败感。好在她是职业女性，转身投入工作后似乎就忘记了她这第一次也是最后一次的和公园大道妈妈们为孩子做的同学聚会。

美国有一本畅销书《公园大道的灵长类》（*Primates of Park Avenue*），讲的就是曼哈顿上东区妈妈们的故事。作者（主人公）是一个人类学家，她的孩子被一所名牌私立幼儿园录取。但由于她不太注重打扮，她发现没有妈妈邀请她孩子去同学聚会，她儿子感觉特别孤单。后来有一次在接孩子时，一个非常有名的爸爸和她聊天，聊得很开心，被其他妈妈看到，于是她儿子突然就成了同学聚会的火热对象。我还特意找她的照片端详了一下，这是一位漂亮的美国白人妈妈，但看她写的很多内幕都让我不寒而栗。

最近，美国总统川普的小儿子拜伦在小学毕业前，邀请其纽约私校同年级的80多位同学访问了他的新家——白宫。总统川普和第一夫人亲自接待了这些孩子，并鼓励他们发挥自己最大的潜能，今后为国家效力。这可能是美国最高大上的同学聚会吧！

幼儿园家长会

美国的幼儿园一般每学期至少开一次家长会，有的开2~3次。家长会的时间通常是在开学不久、学期中或学期末。家长会不是集体开，而是一对一进行的。每个孩子的家长都会与主教老师和助教交流30分钟左右。谈话的内容随着年级的变化而不同。在小小班的时候，老师主要是描述孩子的性格和兴趣，大肢体运动（gross motor）和精细动作（fine motor）技能，还有孩子和同学之间的相处情况。洋洋入小小班的第一个家长会，老师告诉我们她如何喜爱洋洋，如何觉得当她的老师是一件幸福而有趣的事情等（估计老师和每个家长都这么说，但我们还是被感动了）。她和我们说了很多洋洋在学校里的笑话，让我们捧腹。但是老师也很直截了当地指出了一些问题。比如，有时候女儿在和老师或同学讲话时不正视对方，而是眼睛转东转西。她还告诉我们一些技巧帮她克服。老师一再强调说："眼神的直接交流非常重要，这是所有交流的根本。"这些习惯都是从儿童时期形成的。

到了中班，家长会开始更加注重学业的反馈。老师一般会围绕以下几个要点讲述。

- 阅读（reading）。洋洋的学校非常重视阅读，有自己的一套系统。她刚过4岁生日的时候，可以认识很多三个字母的词汇，也可以自己阅读美国学乐集团课程级别1（Scholastic level 1）的绘本。我们已经觉得很棒了，但据老师说，她的阅读能力只能算中等。

- 握笔和写字（pencil grip）。4岁最基本的要求是能够写自己的名字和一些很简单的单词。洋洋可以做到。

- 数学（math）。美国幼儿园似乎普遍对数学要求不高。4岁要求数到30就不错了。中班开始用游戏的方式让孩子学些简单加减法。老师觉得洋洋数学很不错，连连夸赞。但是在欧洲成长的洋洋爸爸和在中国长大的我都是小时候背着加法表苦读的，暗自感叹可能老师还没太接触很多中国小孩吧！

- 艺术（art）。无论是传统模式幼儿园还是自由型幼儿园，都非常强调这一点。艺术包括绘画、芭蕾舞和音乐等。老师说洋洋独爱芭蕾。不管有没有天赋，精神可嘉。

- 性格与领导力（personality/leadership）。老师告诉我们，洋洋既能够领导别人，也能够追随别人。我和孩子爸爸激动地认为，这是我们听到的对她最大的赞誉了。

在申请私立小学／综合学校的时候，幼儿园会给孩子写一个评价报告（school report），由大纽约地区独立学校管理理事会（ISAAGNY）提供标准格式，一共洋洋洒洒18页，大致是根据以上几条给孩子做总结，并根据同龄人的表现来为孩子评价和打分。除此之外，报告还有一项重要的内容——家长的参与，这和孩子自己的表现一样关键。因此，很多妈妈争先恐后地当班级妈妈（class mom），有的班级设两个班级妈妈共同担任。

班级妈妈基本上是家长、学校和老师之间的纽带。每个星期或者每两个星期，班级妈妈都要去学校开会，听幼儿园领导汇报最近学校的动态。比如，学校图书馆进新书了，幼儿园要开圣诞晚会了，大班小朋友要郊游了，来了新老师了等。因为老师没有时间向每位家长汇报，所以班级妈妈有责任把信息和相关任务传达下去，也有责任把其他父母的建议收集后反馈给校方。到了节假日，班级妈妈还要帮助学校组织一些欢庆活动，如装点教室、召集志愿者等。到学期末，班级妈妈还要组织家长给老师送卡片和礼物。家长使出浑身解数就是为了老师和学校对自己的孩子更关心一些，在申请私立学校时能够美言几句。在这方面，中国和西方的父母都一样，可怜天下父母心！

以上谈到的一些标准是纽约幼儿园的标准。据老师说，纽约幼儿园的教育进度要远远领先于美国其他州，所以仅供家长们参考。

幼儿园里的虎妈群像

如果说纽约曼哈顿藏龙卧虎，那上东区则是纽约虎妈云集的地方。洋洋的幼儿园在上东区颇有些小名气，上学两年多来，我结识了不少不同背景和不同肤色的虎妈。大家怀有绝技，争奇斗艳。

印度虎妈 A 今年 36 岁，原籍印度，美国生美国长，算是二代移民，人长得颇有好莱坞女明星的味道。她在哈佛获得本科和 MBA 学位，从事投行多年后离职开始自己做电商，创业的同时生下一儿一女，可谓事业、家庭两不误，是最让美国女性咬牙切齿的那种超人级别的虎妈。A 的大儿子和洋洋同年进入 Garden House 幼儿园，在和她交谈时，我得知她对儿子的魔鬼训练是从出生就开始的。从吃饭到喝奶到午睡，每天都必须是定点定量。早期，若爷爷奶奶不忍孙子的哭闹干涉，A 就会马上威胁要送他们回印度。若保姆不严格按照她的规律执行，她会马上换新人。在这样"残酷"的军事化训练下，不到 3 岁的儿子个头高大，性格温和，社交技能和语言能力好比 5 岁儿童。就说午觉吧，他像自鸣钟一样到固定时间就会入睡，一个半小时后准醒。每天雷打不动，包括在外旅游都毫无例外。从儿子出生，A 的目标就非常明确，先进 Garden House 幼儿园打好基础，下一步一定要让儿子进 Horace Mann 这样在纽约排名数一数二的私立名校。洋洋这位两岁多的小同学除了每天 3 小时在幼儿园，还有家教辅导阅读和数学，每星期还有积木课和运动课。2016 年春天，A 给儿子顺利申请到了 Horace Mann 学校的学前班，终于如愿以偿。记得她曾问我对洋洋学三种语言每天有什么学习常规（routine），我说没有，就是随便学，她听后露出惊讶的表情，表示很不理解。

接下来说一下犹太虎妈 B。犹太人重视教育的程度闻名世界，可是他们的表现方式不太一样。他们没有亚洲家长的规律和严谨，也不会对传统智能的锻炼过于热衷。相比之下，他们更注重体育、艺术（如绘画）和体验。B 就是这样一个犹太虎妈。她没有对女儿做过任何睡眠和饮食方面的训练，完全放任自流。亚洲妈妈惧怕的垃圾食品，如汉堡包、烤鸡腿、薯条和薯片之类随便往女儿嘴里塞。但是，她特别痴迷所谓的性格教育（character education）和经历与体验（experience）。除了幼儿园之外，她还给女儿请了体育、油画和音乐三位私教，每天从早到晚把女儿的日程表安排得比美国总统还满。除上学和私教外，每周她还带女儿去各种博物馆、画展和音乐会。她虽然疯狂，但是她并不在乎自己的女儿是全班最后一个认全 26 个英文字母或者她还不大会数数。B 认为最重要的是她可以每天带女儿展开各种探索，共同认识世界。这样的结果是女儿筋疲力尽，她自己也因此而灰头土脸、神经衰弱，但是母女俩乐此不疲。B 总说她的战略成果 15 年后才看得到。

日本虎妈 C 来自日本长岛，从小到大接受的是纯日本式的教育，从来没有想过出国留学或者移民他乡。大学时候偶然认识了在日本做交流学生的美国人，两人相爱结婚后来到了曼哈顿，老公如今已经成为律所合伙人。C 有两个孩子，弟弟是洋洋的同学。她是全职妈妈，但 C 不认为自己是虎妈。她一直坚持让两个孩子晚上和自己睡觉（co-sleeping）。我问她为什么，她说日本人都这样，没有什么奇怪，似乎和中国颇为相似。她认为孩子到一定年龄自然会自己睡觉，不用操心。她的大女儿 3 岁多进幼儿园时还不会说一句英文，并且口齿不清。C 的态度是，这应该是老师的责任，家长不用太操心。花钱去这么高级的幼儿园就是让老师来解决这种问题的。她的女儿从小就坚持只穿黑色和藏青色的衣服，别的颜色一概不碰。好多妈妈都建议她给女儿改改，而她表示这是一场打不赢的战争，所以不去和女儿碰撞。她唯一不让步的地方是周六的日语学校。从 2 岁开始，每周六女儿从早上 9 点到下午 3 点在日语学校，使用的是和日本儿童同步的教材学习语言、数学和科学等不同科目。她的女儿现在 8 岁了，依然只穿黑色和藏青色，讲一口非常流利的日语和英语，而且已经是纽约私立名校 Riverdale 三年级的学生，最爱的科目是科学。而她每天晚上还是要和爸爸妈妈一起睡。

美国虎妈 D 是纽约某著名癌症中心的医生，大女儿 4 岁，小女儿 2 岁。她的特点是特别热衷于班级服务，主动常年担任班级妈妈一职。她每天紧密和老师切磋，经常半夜给家长们发信，组织家长聚会、孩子聚会，组织幼儿园的各种活动。老师生日时，她会自己花钱代表全班送卡片和小礼物。每学期还带着显微镜给孩子们上课，深入浅出地讲了大脑、心脏和肝脏在显微镜下的组织结构图，做了精美的PPT。我真不知道她哪里来得如此高涨的热情和如此旺盛的精力。

另一位妈妈E是一位眼科医生，她曾带着眼睛模型到幼儿园给孩子们讲述水晶体、虹膜、瞳孔等，让孩子们近距离地观看眼部肌肉和眼部神经，并把模型送给幼儿园摆在教室里。

朋友孩子的幼儿园里大部分是印度裔孩子，里面有很多虎爸虎妈。他们天天给老师施压，说幼儿园教得太浅，老师们被逼得不停地教孩子，3岁班就开始上自然拼读法（phonics）。除此之外，很多印度家长从3岁给孩子报名Kumon数学补习班。我的朋友对孩子完全放手，但儿子在幼儿园里被熏陶得4岁多就可以独立地阅读简单的英文书籍了。问题是这些孩子5岁时进到公立学前班就"傻眼"了，因为他们的水平已远远超越其他孩子，会在课堂上感到很无聊。我朋友的孩子5岁离开幼儿园，但此幼儿园开到6岁，因此一些印度孩子选择继续上一年。据说，每周考试一次，每天让孩子写一篇日记。后来一起聚会时，她发现她儿子一下子被拉开了差距。但殊途同归，这些孩子到6岁进了公立小学会遇到同样的问题。

记得洋洋幼儿园9月份开学时，老师给3岁孩子们的家长开说明会。轮到家长提问时，有位妈妈问每天是否有家庭作业？老师回答每天会给孩子一个文件夹，里面有半个小时的作业。听完以后，家长们都表示很

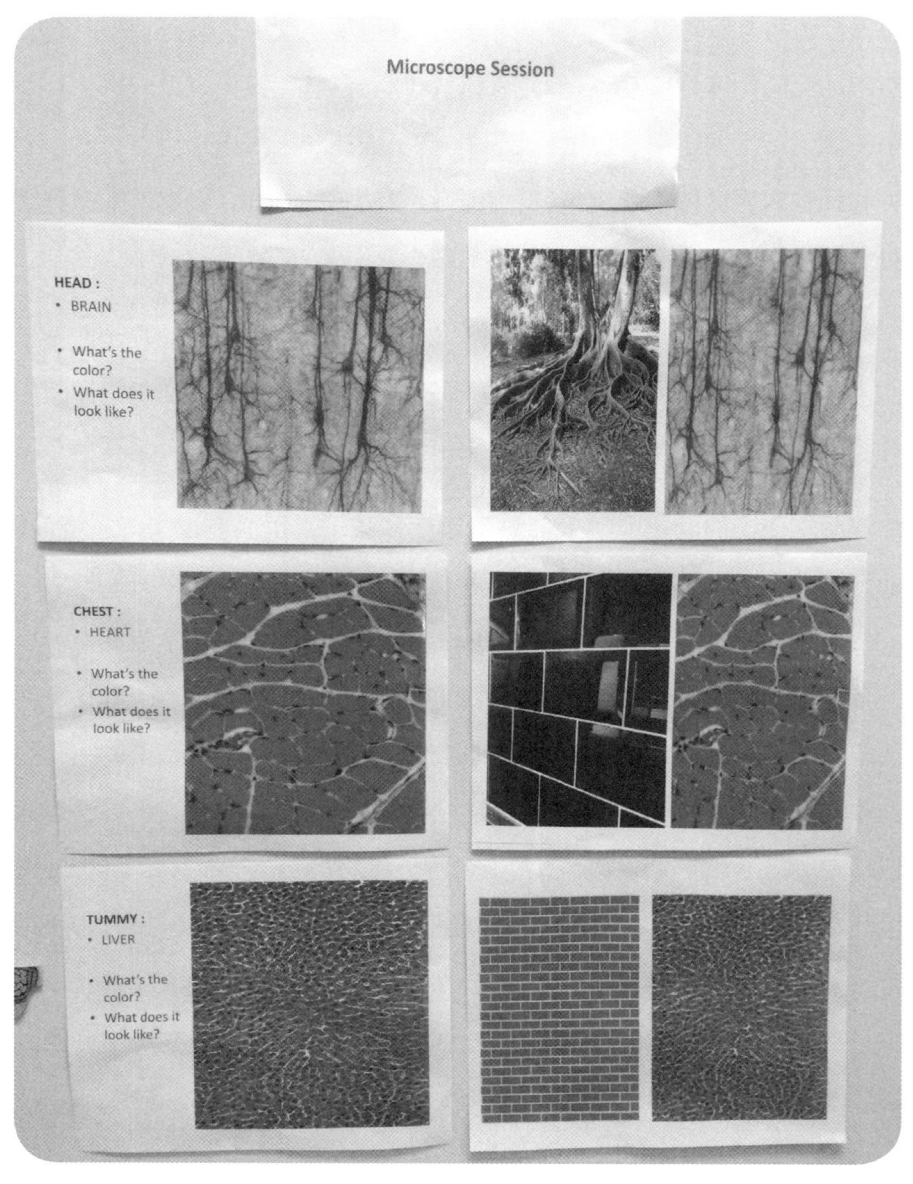

家长教孩子用显微镜看人体器官组织结构图

第三章　幼儿园教育不简单

识别显微镜下的组织结构图

满意。然后，又有一位妈妈举手问："那周末有作业吗？"老师说："没有。"此时，我看到很多虎妈脸上露出了失望的表情。说实话，我一听"作业"两个字就紧张。那一刻，我觉得我们华人妈妈真的不算虎！

下面几章会讲到纽约4岁孩子将迎接三大考试。从进入学前班前一年9月份起，大多数家长都会开始给孩子报考试补习班或集训班。最普遍的是公立天才考试补习和Hunter考试补习，有的是集体上课，有的是一对一辅导。除了考试补习，平时家长都给孩子买习题集或者各种有趣的大脑任务（Brain Quest）智力开发书。纽约还有一个网站TestingMom.

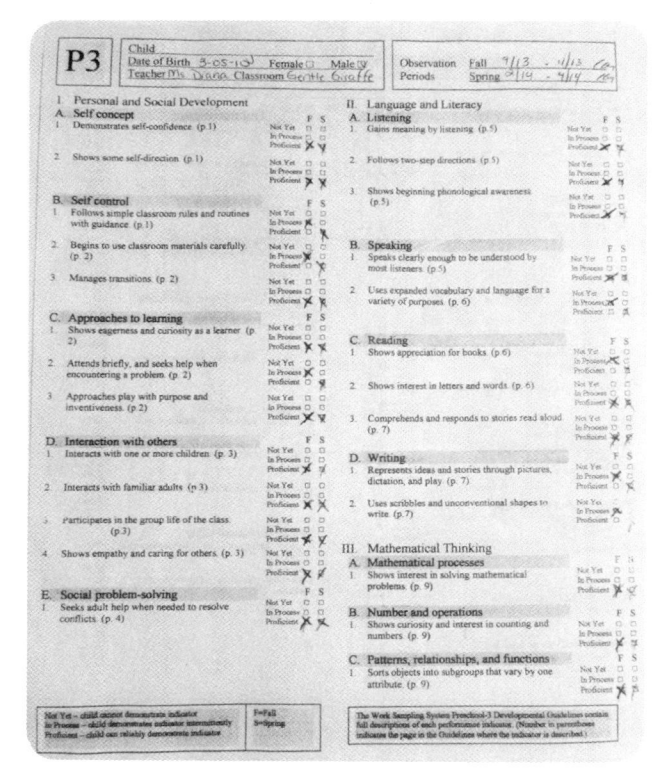

某幼儿园对学生的考核表（其中一页）

大脑任务智力开发书（Brain Quest）

com，专门给孩子提供这些考试的题库，让家长陪孩子做题，生意非常好。

很多家长可能都还记得脸书（Facebook）的创始人扎克伯格在宝宝出生10天后在自己Facebook主页秀出的照片，他给宝宝开始念《量子力学绘本》了！这虎爸的行为瞬间震惊了全球的家长们。虽然此照片有摆拍性质，但还是难免让大家心头一紧。本书的作者是Chris Ferris，加拿大滑铁卢大学数学物理博士，他的其他著作还有——《婴儿牛顿物理绘本》（*Newtonian Physics For Babies*）、《婴儿光学物理绘本》（*Optical Physics For Babies*）。无独有偶，在纽约做对冲基金的朋友已经给3岁女儿认真讲述微积分《婴儿微积分入门》（*Introductory Calculus For Infants*），从小对她进行数学熏陶！我们从北京来的家长们开玩笑说，纽约很像北京的海淀区，特别重视数学，数学好走遍纽约名校！这可能与华尔街卧虎藏龙了一大批数学、物理、经济、金融领域的顶尖高手有关。华尔街的下一代很多都是数学精英和学霸，可谓虎父无犬子！

第四章　纽约公立教育体系很复杂

没生娃时，我在纽约旁边的新泽西州住过一段时间，从没感觉到周围朋友孩子上学是个难题。每个州划分有若干个城镇，每个城镇都设有自己的公立小学、初中和高中，这些学校必须接纳适龄学生，所以家长们只要在孩子 5 岁之前搬到一个好学区就万事大吉了。有的城市只有一所小学、初中和高中；有的城市比较大，设有几所小学，但教育水平差不多。一般来说，好学区房子比较贵，每年地税也比较高，因为地税里多半部分是学校税（school tax），是用来支持当地学校运营的，因此也直接影响学校的硬件和师资状况。从这个层面来看，美国的公立免费教育也并非我们想象中的那般义务，基本出自屋主的地税。我以前住的城市学区很好，周围的邻居都有 3 个或 4 个孩子。地税是按房屋本身价值征收，与孩子多少无关，所以孩子越多，交地税越划算。但有的特别富裕城镇的地税却特别低，因为各家都去私立学校，所以城镇不用养公立学校。如有极少数孩子上公立学校，便会被分到邻近的城镇上学。

第四章　纽约公立教育体系很复杂

纽约公立教育，家长也要选择吗

自从怀孕搬到纽约以后，我才第一次听说上某些公立小学居然要抽签（lottery），真是感到震惊！原来纽约公立学校和外州公立学校录取程序不一样。为了孩子有学上，我不得不深入研究，发现纽约市公立教育体系远比美国其他州复杂得多。

如果纽约家长想让孩子去公立学校，那么家长将面临以下四个选择。

普通公立学校

按照家庭地址，纽约政府会分派一个公立学校，一般以 PS（public school）开头加上数字，如纽约很有名的 PS6、PS290、PS237，上东区比较有名的 PS158、PS183、PS59，上西区比较有名的 PS199 等。公立学校教育水平差异不小，好学区学校质量不错，有的堪比私立学校；但是也有一些非常差的公立学校，学生鱼龙混杂。由于一些好学校位置有限，生源太多，所以每年不一定保证报名的孩子都能被录取，需要抽签，没被抽到的在候补队伍里排队。最近几年，据说排在候补队伍的申请者最终都入学了，不像以前那般疯狂。

特许学校

特许学校是英文 charter school 的译称。特许学校是经由州政府立法通过，特别允许私人经营但政府负担经费的独立运作的学校，它不受州教育局约束，旨在为公立教育带来新的教育理念和师资力量。

特许学校和普通公立学校一样是完全免费的，但不受地域限制，面向纽约所有学生开放。如果申请人数超过该特许学校的名额限制，则将用抽签方式来确定入读的学生。目前，纽约市有205所特许学校。本章将详细介绍特许学校的状况。

特殊公立学校

曼哈顿上东区的亨特学院附小（Hunter College Elementary School）提供K–6年级的天才班，全免费。该学校由亨特学院主办，不受纽约市教育局管理。该校可以说是纽约市入学竞争最激烈的公立小学之一。每年约2500名4岁孩子参加斯坦福—比奈智商测量（Stanford–Binet IQ），招生委员会按照分数选出排名前300名的孩子，然后进行严格面试，最后只招号称全纽约最聪明的50个孩子。纽约幼儿园都以自己的学生曾被亨特学院附小录取而大肆宣传。曼哈顿上西区林肯中心旁边藏着一所神秘的特殊音乐学校（Special Music School）。它号称"音乐天才儿童公立学校"，是全美国第一家、也是唯一一家全面培养音乐和学术人才的K–12公立学校。学生在一对一辅导下学习两种乐器。最惊艳的是，这所学校特别重视数学，孩子们的数学及理科都很好！2017年超过1000名4岁孩子报名，只录取15名孩子，录取率1.5%，居然打败了亨特附小！当然，录取过程少不了第一轮面试、第二轮面试和家长面试，真是层层筛选。

纽约市有多所"特殊"公立高中，其中史蒂文森高中（Stuyvesant High school）、布朗克斯科学高中（Bronx High School of Science）和布鲁克林技术高中（Brooklyn Technical High School）在全美赫赫有名，类似于我们国内的重点高中。学生必须参加"特殊高中联考"，严格按分数排名录取。考试内容包括数学、英语两个学科，侧重学生的知识面，以及分析问题和解决问题的能力。还有一些特殊公立学校有自己的专攻领域。例如，如果孩子对表演艺术感兴趣，那么不妨考虑申请拉瓜地亚音乐和艺术及演艺高中（Fiorello H. LaGuardia High School of Music & Art and Performing Arts）。

天才学校

在美国其他州，有的公立学校会设立天才班，有的学校会组织天才学生上一些特殊课程，但很少像纽约有这么多所天才学校。上一章提到了纽约居然还有一家天才幼儿园。纽约市公立学校天才和资优课程（Gifted and Talented Program），又称天才班，是纽约市教育局为培养资优生所提供的教育资源。纽约市有5个市级天才学校和130多个区级天才班。区级天才班只招收该学区（纽约分32个学区）里的学生，而市级的天才学校则面向全市招生。教育局每年1月份举行全市天才考试。2016年有近4万名4~7岁儿童参加考试，其中包括14483名4岁孩子，而5个市级天才学校的学前班每年一共才有300多个名额，加上区级天才班一共招收2700名学前班学生，竞争激烈可见一斑。

看到这里，在纽约初来乍到的妈妈会完全蒙掉，如同我当年一样。我花了大量时间才理顺了公立教育体系，但也不知道如何选择。后来又花了大量时间去各个学校参观、去感受，才有了一些了解。我当年出国

纽约城市宣传广告牌

留学为自己选学校都没这样费心过。在纽约，许多家长都有同感：为什么给孩子选学校这么累？我现在分析：因为他们才4岁，还没定型，而家长要为他们选择一个未来6年甚至13年每天去上学的地方。在孩子们什么都不懂的时候要为他们作出一个重要决策，面对多种选择，家长们心理压力巨大是可以理解的。

我在纽约机场看到过一块城市宣传牌，上面写着"纽约五大区，一百万个选择，一个城市"（Five boroughs. A million choices. One city.）。看到这个牌子，我很有感触，太多选择固然是好事，但对家长来说太过辛苦。

我们推荐两个网站 www.insideschools.org 和 www.greatschools.org，可以用来查询纽约学校的详细资料和评价。

第四章　纽约公立教育体系很复杂

每个家长都认为自己的孩子是天才

美国是世界上天才教育最普及的国家。为了满足一些智力和创造力超前孩子的发展需求，为了避免普通教学的方式和进度对天才儿童造成阻碍，教育部专门开办了"天才和资优教育计划"（Gifted and Talented Program，简称G&T课程），也就是大家经常听到的"天才班"。这些天才班的教育是免费的，即使是在贫困线以下的蓝领家庭的孩子也有机会进入天才班。

每个家长都认为自己的孩子很聪明，这是人之常情；另一方面，家长不用花昂贵的私立学费却能让孩子接受更好的教育，何乐而不为？在过去几年中，纽约市申请天才班的人数每年以20%递增，考试难度也日益增加。根据纽约市教育局的数字，2016年有近4万名儿童（申请学前班到三年级）参加天才班考试。每年1月份考试，4月份公布成绩，然后家长开始申请学校，5月份公布录取名单。孩子考试成绩只有在90到99百分位之间，才有资格申请区内天才班；孩子成绩在97到99百分位之间，才有资格申请市级天才学校。2017年，4岁报考生成绩达到99百分位的有787名，2016年为923名。纽约市级天才学校仅五所，学前班一共有300多个名额。也就是说，孩子的成绩即使是最高分99，还得靠抽签来决定是否被录取，真是太疯狂了！如果错过了学前班，以后也可以继续考，但学校采取"填空"式招生，只录取由于原天才班学生搬家或退学等原因离校而空出来的名额，每一年的空额不一样，被录取的概率很小。我现在看到哪个孩子是天才学校的，不仅佩服他们的智商，也佩服他们的

纽约教育局举办天才班招生说明会

2017							
Applying Grade	# of Children Tested	District Eligible Only	% District Eligible Only	Citywide Eligible	% Citywide Eligible	All Eligible	% Eligible
Total	*34,902*	*7,014*	*20%*	*2,983*	*9%*	*9,997*	*29%*
K	16,582	2,858	17%	1,609	10%	4,467	27%
1	7,714	1,618	21%	591	8%	2,209	29%
2	5,714	1,469	26%	375	7%	1,844	32%
3	4,892	1,069	22%	408	8%	1,477	30%

纽约市参加天才考试 2017 年统计数据

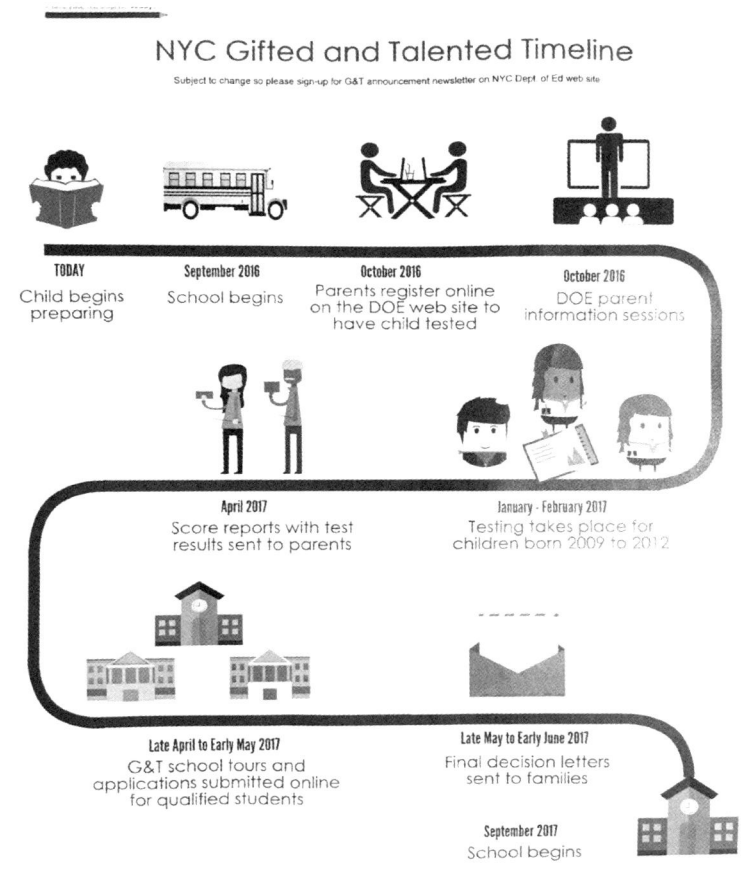

NYC Gifted and Talented Timeline

Subject to change so please sign-up for G&T announcement newsletter on NYC Dept. of Ed web site

TODAY — Child begins preparing

September 2016 — School begins

October 2016 — Parents register online on the DOE web site to have child tested

October 2016 — DOE parent information sessions

January - February 2017 — Testing takes place for children born 2009 to 2012

April 2017 — Score reports with test results sent to parents

Late April to Early May 2017 — G&T school tours and applications submitted online for qualified students

Late May to Early June 2017 — Final decision letters sent to families

September 2017 — School begins

纽约市天才考试准备时间表

运气。

天才考试考什么？2015年，纽约市教育局在考试和评分方面都进行了重大改革。新考试不仅考核学生对字母、数字、图形、大小等这类学前班里学到的知识，更突破了传统的教学内容，来评估学生的推理和解决问题的能力，并排除了学生的母语、教育水平、族裔背景、社会经济状况等因素对其答题的影响。纽约教育局使用两个测试进行评估，分别是语言测试 OLSAT（Otis-Lennon School Ability Test）和非语言测试的 NNAT（Naghen Nonverbal Ability Test）。OLSAT 包括遵照指令、听力推理和数学推理三部分，30 道题；NNAT 包括拼图、类比推理、序列推理和空间视觉四部分，48 道题。两个测试都是选择题形式，孩子在 1 个小时答 78 道题，不必说话，用手指选择答案即可。OLSAT 的难点在于考官念题只说一遍，孩子的听力非常关键，听不懂题或听题时精神不集中就根本无法有效选择。两个测试评分权重相同，各占 50%，最后孩子拿到的分数是这两个测试的综合分数。如果英语不好，可以选择其母语考官，纽约教育局提供各种语言的考官，让语言完全不再成为考试的障碍，从而能真正挑选出天才学生。

纽约市有 5 所市级天才学校和 130 多个区级天才班。区级天才班只招收同一学区里的学生，而市级的天才班面向全市招生。每个班有 25~28 名

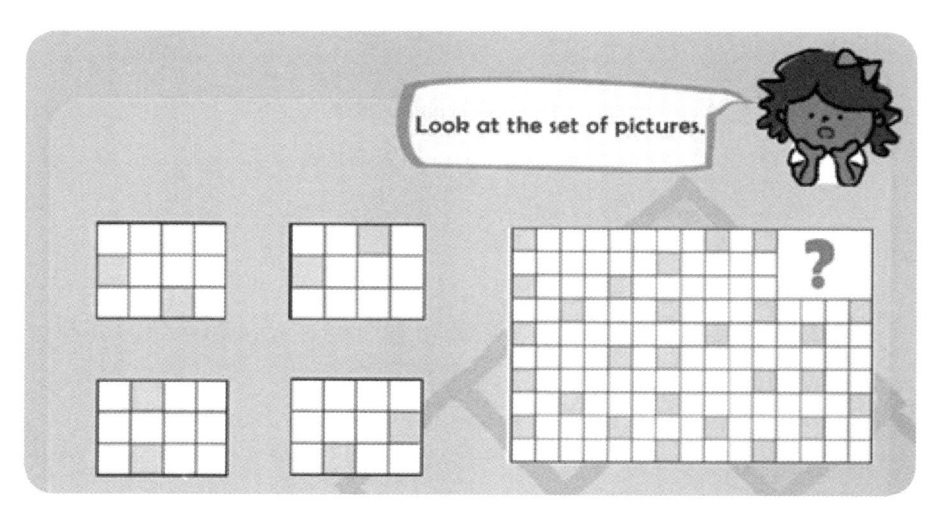

天才考试题举例

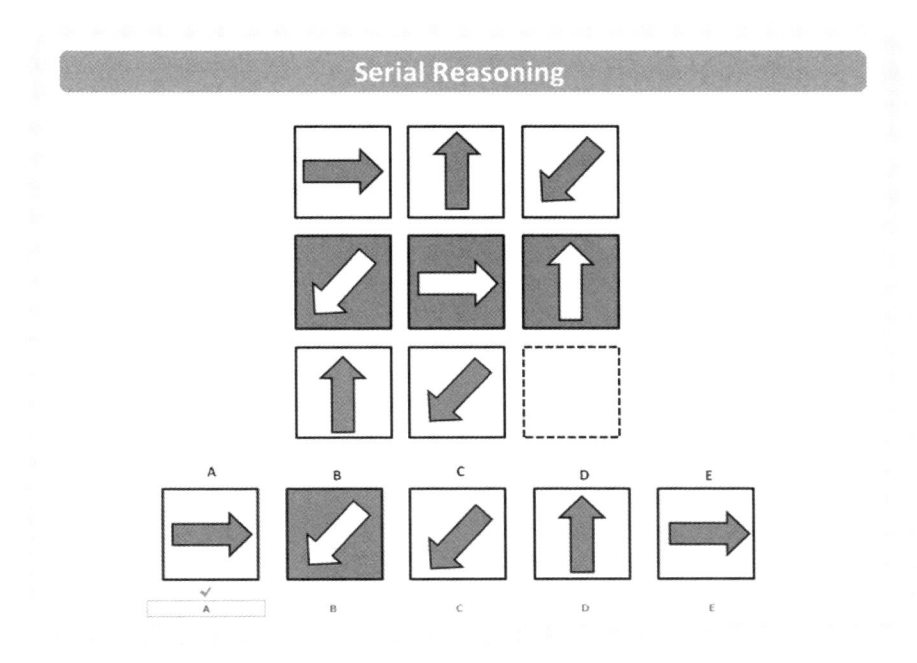

天才考试题举例

学生，任教的老师都是经过特殊培训的，并持有天才班执教资质。纽约五所市级天才学校分别是曼哈顿的 NEST+m、TAG Young Scholars、The Anderson School，皇后区的 Science, Technology, Enrichment, and Math（STEM）Academy，以及布鲁仑的 Brooklyn School of Inquiry。

如全市最抢手的天才学校 NEST+m（New Explorations into Science, Technology and Math），这是一所从学前班一直到 12 年级的公立学校。校内亚裔学生占 33%，白人学生占 42%，西裔学生占 11%，非裔学生占 9%。学校小学部获得过纽约市最佳小学称号，初中段的州考成绩一直在纽约市名列前茅，高中段在纽约市排位前 10 名，在纽约州排名第 25 名，在"美国新闻及世界报道"评比中进入全美排名前 100 名。

关于录取，前面说过，高分不一定保证能被录取。根据纽约市教育局的规定，如果哥哥或姐姐在所报的天才班就读，那么他们的弟弟、妹妹就有第一优先权。后面的章节会详细介绍美国学校"弟妹优先原则"的文化。学校都是先挑收第一志愿，而后抽签决定录取，先从成绩达到99分的开始，而后98分、97分……以此类推，直到满额。抽签的比率大概是10:1，因此第一志愿的选择非常关键。

教育局对天才班的课程设计没有硬性规定。天才班的课程相对普通班更具挑战性，配备的老师数量多一些。但不同的天才班或天才学校的教学理念差异很大，培养目标也不尽相同，一些天才班就是比正常班快一年，一些天才班自己制定教育体系。因此，没有一个统一的标准来衡量不同天才班的质量差异。作为家长，不能一贯追求"天才"，而忘了"适合"二字。如果自己孩子的特点和个性并不适合所选的天才教育模式的话，将会适得其反。孩子小小年纪就背负过重的期望，反而会造成自信心受损、产生压抑、消极等很多负面的影响。

我所居住的公寓楼里的保安队长，他女儿就在曼哈顿上东区一家很有名的区级天才学校就读。他说网上有很多天才班测试题，他太太从女儿3岁起就每晚给孩子做题，最后考了97百分位，还幸运地被抽中。一个班20多个学生，配2名老师和1名助理老师，还有专门的单科辅导老师等。他女儿的功课繁重，每晚要做2个小时作业，但是他们全家还是很开心。纽约天才考试补习很普遍，有一个补习班的老板说了这样一句话："即使一个4岁的孩子再聪明，如果从没接触过这些题，考试时也会不知所措。"他说的确实有些道理，家长们为了孩子能进入这个通道，不得不买各种习题集，到网上找题，甚至通过参加培训班获得更有效的练

第四章　纽约公立教育体系很复杂

纽约市天才考试习题集

习。在纽约，很多华人开设了天才考试培训班，生意火爆。有一家收费近万元美金，保证孩子考到97以上，否则退学费。还有一家华人办的连锁幼儿园在4岁班开设天才考试培训课，每天下午让孩子们刷题，大部分孩子都取得了高分。我女儿湾湾也参加了天才考试，选的是用英语考。之前，她懒懒散散地做了一些题，到最后一周我好奇地测试了她的水平，预测她能得到95~97，果真最终得了96。其中，非语言测试部分为99，语言测试部分为87。我发现如果没有经过大强度的训练，双语孩子很难在英语语言测试部分中得到高分。

天才班确实很受华人欢迎，几乎每个天才班的亚裔学生都占30%以上。我认识的各州华人朋友的孩子几乎都进了各种形式或不同学科的天才班。我现在理解了纽约市政府的初衷，纽约富豪基本都把孩子送进资源超好的私立学校，之所以设立天才班和特许学校就是让中产和穷人的优秀孩子能获得优质的教育资源，让普通人家的孩子有"翻身"的机会。在国内长大的华人对美国私立学校文化完全不了解，也不太愿意花这笔钱，所以他们都更愿意选择天才教育。

特许学校特殊吗

美国第一所特许学校于1992年成立；纽约州第一所特许学校于1999年成立。特许学校是经由州政府立法通过，特别允许私人经营而由公家负担经费的独立运作的学校。特许学校不受州教育局的约束，旨在为公立教育带来新的教育理念和师资力量。

特许学校与政府之间是一种契约的关系（通常3~5年），学校必须在契约规定期间保证达成双方认可的经营目标。这种目标通常是以改进学校教学现状为主，因此多数特许学校属于教育革新的实验学校。也正是因为教育实验的性质，特许学校通常可以免除例行性教育行政法规的限制，如各学科授课时数、教学进度、教师工作准则、薪资规定和例行性的报表等。特许学校有类似私立学校重视经营绩效的优点，同时也可以进行各种创新类教育实验，并且可以通过竞争压力，刺激一般公立学校提升学校管理及教学质量。因此，特许模式已成为美国新世纪学校的典范。

目前，纽约市有205所特许学校，一共有95000名学生在校就读，录取也为抽签制。从下图可以看出，2015年大约有42600名学生无法被录取

第四章 纽约公立教育体系很复杂

205 Number of charter schools in NYC 82 Brooklyn | 59 Bronx | 45 Manhattan | 15 Queens | 4 Staten Island	**95,000** Students enrolled in NYC charter schools
	In 2015, there were an estimated...
	64,600 Applicants to NYC charter schools
	22,000 Available seats in NYC charter schools
10 Number of schools that opened for the first time in fall 2015 1 Brooklyn | 7 Bronx | 1 Queens | 1 Staten Island	**42,600** Students waitlisted for NYC charter schools

纽约特许学校的分布和统计数字

而排在候补队伍里。纽约市政府每年平均给每个特许学校在读学生拨款13877美元。在特许学校就读的学生中，77%是偏贫困家庭，56%是非裔美国人，36%是拉丁裔人。从这些指标可以看出，特许学校为无法住进好学区家庭的孩子打开了一个窗口，让他们有机会受到优质教育。

接受公立教育的孩子轻松吗

我想大部分国内家长听说的是美国教育如何轻松，不考试、不排名、无压力。而实际上，美国教育并非我们想象中的那般美好。确实，美国小学教育比较轻松，作业确实很少，很多作业就是课后让孩子们自己阅读。这对于愿意看书的孩子来说基本上没有作业压力，但美国学校的课程是逐渐增压的。另外，我们参观学校时发现纽约小学虽然对"硬知识"的难度要求不高，但在知识与科技的应用上（applied science）的水平不低。

纽约公立小学教室

纽约公立小学课堂

例如，很多学校一年级开始学编程，二年级开始学人类学、建筑学，三年级做混凝土实验，四年级做静滑轮动滑轮的实验，还有辩论课、戏剧课、国际象棋课、西班牙语课等。到高中，尤其是公立高中，学生们肩负的压力很大。美国高中4年，学生从高二就要准备SAT（美国高考），一般在高三春天就要参加第一次SAT考试，有的孩子高一就开始参加考试。但SAT只是考核的一个指标，平时成绩也非常重要。高中的每一次大小考试甚至作业都被计算在总成绩之内，学生还要在爱好与特长上有所建树，要做义工，要参加社团活动，要展现领导力。到了高四秋季，学生还要花大量时间看学校、选学校、申请学校、参加面试等。朋友的孩子们到了高中个个压力很大，睡眠不足。有人描述美国公立学校是个达尔文式的适者生存的竞争之地。我在一所公立小学参观时，看到教室玻璃上的一张贴纸上写道："在这个教室里，我们不做容易的事情。我们要通过努力学习，把困难变成容易。"（In this class, we don't do easy. We make easy happen through hard work & learning.）我认为这句话真正体现了美国的学习精神。如果一个国家的学生天天轻松，无所事事，那么这个国家肯定没有前途。

前面提到，在美国其他州，孩子在公立学区从学前班一直读到高中毕业，并没有升学的压力。但纽约不是，纽约的好学区房只管小学，到5年级结束；如果靠分配，只能进一般的初中；想升到好初中，就要凭自己的本事了。从小学三年级开始，纽约公立学校的学生就要参加全州统考。由于每个学校的平均成绩都要公开，还要排名，所以学校老师会比较重视学业。从四年级开始，统考成绩会影响将来的初中申请。

纽约人口每年以几十万人的速度增长，这个城市的繁荣发展导致了大量小学和初中适龄儿童涌入，进入重点中学的竞争十分激烈，这种情况在曼哈顿表现得最为明显。自 2002 年以来，从曼哈顿上东区到曼哈顿下城区的第二学区已经新开了四所中学，其他学校也在扩大规模。但好中学的入学竞争并没有因此而降温。例如，索尔克科学学校（Salk School of Science）2011 年就收到了 777 份申请，但入学名额只有 146 个。

学生申请初中的材料包括四年级纽约市考试成绩报告卡（report card），以及学生参加州考的成绩和考勤记录。因此，从四年级的第一天开始，家长就要重视孩子的出勤了，还要积极准备四年级的各种考试。要入读重点初中，四年级阅读和数学考试成绩至少要达到 3 级（最高为 4 级）。3 级表示学生达到了该州的标准，但在一些抢手的学校，三级成绩肯定是不够的。三角洲（Delta）是上西区 54 中学开设的一个天才班。学校在网站上表示，要申请这个班，学生需要在两项考试中都达到 4 级，或者在总分为 1575 的综合量表分中达到 1385 分以上。安德森（Anderson）是最有名的优秀中学之一，它的英语考试分数线是 725 分，数学分数线是 731 分。也就是说，学生在英语测试中答错的题不能超过 4 个，数学考试中答错的题不能超过 5 个，每错一题的代价都很高昂。考生就算达到了这样的成绩，也不能担保会被学校录取。它仅仅表示该生有资格参加学校自己组织的另一个测试。希望参加亨特学院高中（Hunter College High School）七年级入学考试的学生，必须在五年级的标准化考试中获得高分。上东区的东区中学（East Side Middle School）是一所非常有名的学校，它按 30 分的总分给每个申请者打分。其中 7 分是根据申请者的阅读和数学考试成绩，其他分数的依据是面试、一篇作文、一个数学测验和小学成绩单。

因此，很多家长愿意支付数千美元为孩子聘请辅导老师，或者让孩子参加培训班。我在参加某公立小学的宣讲会上认识了两名在校美国白人家长，她们公开对我说她们给孩子请私教，并说这个现象在纽约中产阶级家庭特别普遍。很多家长的理念是不把钱花在私立学校的学费上，用这笔"节省"下来的钱请私教，更有针对性，也能发展孩子的特长。

纽约的一位知名的申请咨询师罗宾·阿罗诺（Robin Aronow）说："家长们感到了更多的压力。我知道有些家长在抵制补习，因为他们觉得这种做法很疯狂，但'有人抵制'本身就说明这种现象很普遍了。"

纽约的辅导班遍地开花，在互联网上快速搜索一下，就可以看到几十种针对全州数学和阅读统考的"一对一"辅导课程或补习班。例如，Bright Kids NYC 在纽约翠贝卡举办的 8 周培训班，费用约为 100 美元/小时。Sylvan Learning 在其网站上宣传针对"各州统考"的补习班；Park Slope Tutorial Services 的收费是每小时 80 美元，它还提醒家长说，小孩要进入一个好中学非常困难。虽然著名的 Kumon 补习班没有宣传针对特定考试的补习，但是家长们确实在购买该公司的全州统考辅导服务。目前，有近千名三年级和四年级的学生在 Kumon 遍布曼哈顿的 10 个教学点参加补习。在纽约华人的聚集地，如中国城和法拉盛，也有很多华人开办的各类考试补习班。

公立 VS 私立

公立教育免费，而纽约私立中小学每年学费在 4 万美元以上，并逐年上涨。两者到底有什么本质区别？为什么很多家长要掏腰包、费心思、找关系，非要孩子上私立学校？

任何事物都具有两面性，私立学校固然有很多优势，但也有其不足。最重要的一点就是要了解什么教育适合自己的孩子，而不是只要面子。教育是一场马拉松，很多孩子5岁上了顶级的私立学校，全家荣光，但几年后有的被勒令退学，有的被劝退，有的忙着转学，有的最后一事无成。这些都说明，孩子赢在起跑线不一定能赢在终点。如果找到适合孩子的教育环境和特长，坚持不懈，那么孩子就一定会快乐学习，长大后也一定会有所作为。

通过一系列的研究、询问和踩点，我认为纽约家长选择私立学校有三个最主要的原因：第一，班级学生少，师资力量强。通常，私立学校一个班有20个左右的孩子，配2名老师，还有一些单科辅导专家。有一所私立学校每个班14名孩子，配2个主老师，和1名助教。而公立学校一个班有25个孩子左右，配1名老师，有的好学区公立学校通过家长捐款会在低年级每班增加1名助理老师。家长们认为，老师配比高可以给孩子更有针对性的教育。第二，社交圈子。美国东部还保留着一些阶级文化，富裕的家庭还是希望孩子的社交圈和自己的家庭相匹配。一些中产阶级的家庭则希望孩子通过教育、通过同学有机会跻身"上流社会"。很多白领、金领互相攀比：同事孩子进了私立学校，自己的孩子也要进，这被称为"群体压力"（peer pressure）。有时候，孩子的社交圈也会影响家长的社交圈。所以在纽约，富豪家庭一定会让孩子申请私立学校，而很多中产阶级也会咬咬牙给孩子付高昂的学费，没准自己通过孩子也能改变命运。第三，进入名牌大学。根据美国市场观察（MarketWatch）的统计，高中毕业生进常春藤联盟比例最高的前100所（Top 100）中，94所是私立高中。2014年，达特茅斯和耶鲁大学新生中有45%来自私立高中，普林斯顿大学此比例为41.3%，康奈尔大学为34%，哈佛大学为30%。而私立学生总数仅占全美学生总数的10%，从这些数字就能看出从私立高中进入常春藤学校的概率会大很多。

选择私立小学还有一个家长们都领会但不会明说的原因：要孩子提前挤进私立高中。美国私立高中的教学质量相比公立学校确实有很大优势。虽然小学、初中教育差别不大，但如果从公立初中转入私立高中，名额有限，竞争非常激烈。很多私立高中也更喜欢招私立中小学的毕业生，毕竟文化理念一致。纽约大部分私立学校是从学前班到高中连读，如果进入学前班就会直升到高中部。这就决定了很多家长只能无奈掏腰包，从学前班开始申请私立学校。

私立学校的优势还包括：重视品格教育和性格培养、硬件设施好、课外活动多、给学生更多的个性发展空间。学校更重视阅读和写作，比较重视音乐、体育和艺术课程，应试压力小、午餐更丰盛等，后面章节将会重点对其进行介绍。

这里再谈一下公立学校的优势。与国内小学有全国或全市统一教材不同，美国孩子上课没有统一的教材，老师的作用比较关键。由于公立学校受纽约市教育局监管，设有统一的教学标准和考核标准，所以非常正规。学校有达标的压力，这会迫使学校重视教学质量，并把压力传给家长和学生。也就是说，公立学校的家长很清楚自己孩子的学习成果，而很多私立学校的家长在这方面就显得糊里糊涂。有的私立小学没有作业，有的私立小学根本没有任何考试和成绩，只提供一个学生表现报告。公立学校更重视理科的培养，天才公立学校的理科教学进度远远快于私立学校。另外，公立学校的老师都是工会组织成员，他们薪资较高、工作稳定，福利有保障。很多优秀的师范毕业生更愿意选择去公立学校教书。还有一点是，美国现在很重视多样性与多元化（diversity），在公立学校会遇到更多种族、更多性格、更多家庭层次和能力不一的孩子。美国人认为这样的多样性和多元化更有利于孩子认识真实的世界。

普通公立学校教育最大的劣势在于公立学校不是选拔制，也不是淘汰制，班级里自然会有一些水平低的学生。例如，一些刚入学前班的孩子连英语都不会说，学生认知水平差异很大。在这种情况下，老师肯定要照顾水平较低的学生。公立学校的教学标准由于要考虑低水平的孩子，所以整体标准和要求都不会很高，因此可能会影响学习超前的学生（这也是教育部设立天才班的初衷）。另外，公立学校的经费有限，不可能提供太多的辅助课程或聘请很多专业的老师。班级里唯一的老师什么都教，包括绘画和音乐。一些朋友从纽约搬到加州，常抱怨这里的学校连音乐课、美术课、体育课都没有。校方则解释说，学校没有经费聘请这些方面的专业老师。

由于公立学校每个班配的老师少，所以性格外向、强势的孩子在公立学校比较容易获得更多的资源，学习差的孩子也容易获得老师的关注；而学习好、性格偏弱的学生则经常被老师忽视。在被忽视这方面，英文有个词组这样形容"fall through the cracks（从裂缝中掉进去）"。而私立学校经常宣称，他们不会让任何一个学生"fall through the cracks"。我一个朋友的女儿比较内向，妈妈对比了公立学校和私立学校的条件后，决定把自己内向的女儿送到私立学校，以获得老师更多的关爱。几年下来，她和女儿对私立教育很满意，她女儿的性格也越来越开朗。纽约家长最苦恼的就是要在孩子4岁的时候充分了解学校、充分了解孩子，以选择一个适合孩子发展的学校。当然，今后转学也是可行的。我碰到很多公立学校的家长在办理转学，申请私立学校。转学的难度在于你申请的私立学校是否有空余名额。如果没有，孩子再优秀也进不去。

纽约公立学校的伙食好

纽约的中小学是提供早午餐服务的，公立学校及非营利性私立学校还有一个特别的规定：只要家庭收入在规定标准以下，学生就可以获得免费的早餐和午餐。根据美国农业部的统一规定，2013—2014学年，三口之家年收入在25389美元以下的学生，可以享受免费的早餐和午餐。

经政府调查，每天吃健康早餐的学生们在教室里精力更集中，并很少迟到或旷课。为了鼓励学生养成吃早餐的好习惯，纽约市教育局（DOE）规定学校早餐免费，午餐每顿1.75美元，低收入家庭孩子全免费。纽约学校早餐和午餐按照经过审定的营养标准设定，教育局厨师办公室有专人负责制定食谱，一般是每个月编写12份，每天轮换提供。

值得一提的是，在学校放暑假期间（6月底至9月初），纽约市教育局推出"免费健康早午餐计划"（Summer Food Service Program），为全

从纽约起航——我们为什么送孩子去美国读小学

公立学校的早餐和午餐表

纽约夏日早午餐 2016 年宣传图

第四章 纽约公立教育体系很复杂

纽约市教育局局长法瑞娜在"免费健康早午餐计划"领取免费早餐

女儿在纽约领取了夏日免费午餐

市范围内18岁以下的青少年免费提供健康营养的早餐与午餐。在此期间，全市范围内18岁以下的青少年不需要任何身份证件便可在包括学校、图书馆、公园、政府楼等全市1000多个地点领取免费营养早餐和午餐。2014年夏天，纽约市教育局共计发放了超过800万份免费食物。"免费健康早午餐计划"所提供的饮食主打营养健康理念，食物是低卡路里、不添加人工色素和甜味剂的健康食品。教育局公布的菜单包括蓝莓蛋糕、酸奶、燕麦、奶酪煎饼、牛肉卷和玉米沙拉等。女儿湾湾夏天在公共游泳池边（市政府提供夏日免费游泳课）领到了一份夏日午餐，发放者看到孩子就发了，食物味道确实一般，但还足够营养。

什么是PTA

PTA是Parent Teacher Association的缩写，被翻译为"家长教师协会"，也被称为家长联合会。它是由家长、教师和学校的其他工作人员组成的正式组织，旨在促进家长参与到学校的教育工作中来。在美国，这是家长们非常熟悉的家校互动组织，而中国家长对其还比较陌生。不同于中国传统的家长会，在PTA组织中，家长既是参与者，也是组织者，具有非常大的权利。PTA的家长们经常联合学校老师，挖掘各种优势资源，改善教学质量，提供各种活动，甚至改进学校的领导和人员编制。PTA负责每年筹款，帮助学校改善各种设施以让孩子们获得更多的资源。PTA对于加强学校与家庭的联系，充分发挥家庭、学校和社会的力量以促进学生的进步，具有重要的意义。

近30年的调查研究显示，父母和家人参与到孩子的学校生活中时，能改善孩子在各方面的表现。例如，孩子的学习成绩会上升，孩子的自尊心和社交能力会增强，而学校也因为家长的参与在许多方面得以提升。总之，家长参与到学校的生活中来，会令家长、学生和学校三方受益。

我曾参加过我家附近一个公立小学的宣讲会。PTA里面的一名家长告诉我，他们每年给学校筹款40万美元，用来给低年级多配老师，如聘请艺术、音乐等专业老师，买书及更新设施等。捐款多的学校一般都把普通黑板换成了智能黑板（smart board）。每个学校PTA捐款都是公开的。曼哈顿最有名的一所公立小学，由于每年PTA筹款近100万美元，所以学校运营时显得很"富裕"，我参观后发现该校确实像私立小学一样。而我家所在学区的小学PTA筹款不多，所以低年级每个班只能配一名老师，虽然其他设施很好，但我还是感到不太满意。各个学校每年总筹款额度与学校规模、家长们的经济实力、各族裔的捐款文化、PTA组织捐款活动的次数、与社区商家的关系、学校捐款文化的历史沿袭都有关系。亚裔家庭普遍不是特别热衷于捐款，而美国白人、意大利裔就对捐款比较热衷，往往出手大方。

案例：贝尔小学的PTA会议 ❶

在美国马里兰州洛克维尔市贝尔小学（Beall Elementary School）图书馆，几十位家长和老师围坐在一起，讨论这一年度将要组织的一些大型活动、艺术展览、才艺比赛、国际文化日活动，以及购买游乐场设施、

---

❶ 材料来源：美国之音。

日常用品、教师助理的配备等问题。

PTA 的重要活动之一是筹款。贝尔小学 PTA 的财务官约翰·斯帕诺（John Spano）说："PTA 让家长参与学校的一些决策，进行筹款，也参与对孩子的教育和日常的辅助活动。由于老师们有很多需求，而学校从政府得到的拨款有限，所以我们要补贴他们的一些需求，如建游乐场、买书、买教学工具、郊游活动等。"

比如，即将要举办的"电影之夜"，要放什么电影？是免费的，还是要收费？每个家庭收一块钱，还是收两块钱？家长们热烈讨论，提出了多项提议。最后，经过举手表决，大多数人赞成向每个家庭收取 2 美元的提案。

PTA 家长成员都是志愿工作者。斯帕诺说，他大概每个星期平均要花费 4~5 个小时处理 PTA 事务。

只有与学校保持良好的关系，PTA 才能发挥积极的作用。贝尔小学校长巴蒂也参加了这次 PTA 会议。

巴蒂说："PTA 是学校的重要部分，因为它给了家长一个机会了解学校的教学内容，帮助学校提高教育质量，增强了学校与家庭的联系，是一个加强社区建设的良好渠道。我们扮演不同的角色。我欢迎他们提意见、提建议。不过，最后的决策者是我……我们好比一个家庭，有时候会出现争执和不同意见，但是最后我们还是能够解决问题，把这种合作关系维持下去。"

华人家长普遍重视孩子的教育，但是由于文化不同和语言障碍，要参与到学校的管理中，或者加入 PTA 似乎是一件比较陌生的事情。我们幼儿园也有一些华人孩子，家长们都忙于工作，很少有人参与到志愿者队伍中来。美国学校希望华人家长有勇气走出自己的舒适区（comfort zone），能与社区及学校更密切地融合在一起。

公立学校里有虎妈吗

在纽约上公立学校的孩子并非家庭不富裕，也并非家庭不重视教育，而是各家有各家的盘算。有的家长认为公立学校的天才班已经足够好，没有必要进私立学校；有的家长本身就是在公立学校中成长的，自己很优秀，所以对公立教育很认同；有的家庭孩子多，如果让孩子们都上私立学校确实负担比较重；有的家长认为高中之前公立学校与私立学校没有太大区别，计划让孩子上私立高中；有的家庭计划用节省私立学校的学费来培养孩子的特长；有的家庭负担不起私立学校的费用，但让孩子在公立学校表现突出，大学照样能进常春藤。

女儿湾湾一位同学的妈妈是纽约本地人，她是最有名的公立小学 PS6 毕业的。她告诉我们，她妹妹当年 4 岁申请 PS6 时没有被抽中，列在了候补名单中。她妈妈向老板请假，天天泡在学校里，今天给校长送一杯咖啡，明天送一束花，后天去聊聊天。在她妈妈的努力下，她的妹妹顺利从候补晋升。她本人后来考进了著名的 Hunter 高中，现在是名医生。她的妈妈特别重视她和妹妹的教育。最近，她也为了孩子高价租房搬进了 PS6 的学区，为此她和老公意见不合，还发生了很多争执。我能感受到她的家庭对教育重视的传承。

上面提到了纽约最有名的亨特学院公立附小，这个学校录取率只有4%，并且完全没有弟妹派位优先权，只选聪明的孩子。有一个犹太虎妈，生了四个娃，老大、老二、老三都分别考进去了，在纽约震惊家长圈，被传为佳话！今年4岁的老四也通过了第一轮考试。据说，老四下国际象棋已经横扫6岁孩子，之前大家都预测他在第二轮面试后也能被录取。果不其然，最终老四的确拿到了亨特小学的录取通知书。家长们都盼着这位伟大的母亲生老五，看看是否能再进，像做试验一样！听说这位虎妈是位数学博士，不上班。在我看来，她的工作就是不停地生娃，然后送进亨特小学，太拉风了！

有位妈妈描述加拿大温哥华的学习氛围："很多人告诉你温哥华的公立教育有多提不起劲，如果不补习，孩子基本就是被淘汰的命运。妈妈们相互之间交换的都是课外补习班与如何进入名校的信息。"由此可以看出公立学校的家长们还是很有危机感的，认为公立教育太简单，太统一化，非精英教育模式，所以要使劲儿给孩子加砝码。

在纽约也是如此。纽约藏龙卧虎上百所号称教育极好的私立学校，公立学校的家长们没有压力是假的。为了防止孩子被"淘汰"，公立学校的家长们非常努力，请家教的现象很普遍。我朋友的女儿在私立学校，儿子在公立学校，她觉得家长群还是不太一致。她40多岁，在女儿的私立学校家长群里算比较年轻的，在儿子的公立学校家长群里算年长的。通过对比，她认为私立学校的家长相对事业比较成功，有家底、有资源，反而对孩子功课方面期望不太高；公立学校的家长则相对比较紧张、焦虑，对孩子的功课更上心。其实，私立学校的家长在孩子4岁申请学校之前特别投入，但孩子入学后就放松很多，至少没有升学的压力，但公立学校的家长要面临孩子考初中、考高中，后续的压力更大。

PS158是纽约上东区公立学校中的佼佼者，它坐落在康奈尔医学院附属医院和洛克菲勒大学研究院旁，这所学校的很多孩子来自医院和科研机构的家庭，生源相对优秀。PS158历来以在州统考中成绩优异著称。最近一年，其学生在数学和英语统考成绩在3分以上的达80%以上，而纽约市此平均比例只有40%。全州统考从三年级开始，统考成绩对公立学校的排名、校长的业绩和拨款都会产生影响。除去生源和学校的高质量教学的优势，PS158还有一个"秘密武器"就是周六补课。从三年级开始，PS158周六会对落后学生提供免费补习。虽然学校并不要求每个学生都参加，但家长们都积极参与，落后的固然要上，优秀的也认为要去露个脸才有安全感。这导致周六学校爆棚，人满为患。2015年，PS158换了校长，据说原因之一是老校长最在乎的是分数而不是孩子。新校长上任后，学校有一些改变，加强了以孩子为中心的教育氛围。

从各种族角度来看，白人的虎爸虎妈比较注重体育，每周末会陪孩子参加各种比赛，自己还当球队志愿者；印度的虎爸虎妈比较注重数学，据说印度家长经常给老师提意见，说学校数学教得太浅；而华人家长什么都重视，孩子们既要学一项体育，又要学音乐，当然数学绝对也是强项。

美国小学一般都是妈妈当班长，别看只是简单的班长，我的一位朋友经历过，说里面也有很多钩心斗角的事。很多虎妈抢先当班长，有的没在前几年轮上而非常有意见。班级会组织很多活动，但每次活动只允许2名家长陪同或参观，报名时又打成一片。我的这位朋友当妈妈班长时就尽量把这些名额让给其他家长，可有些妈妈班长就会特别自私地先给自己注册，占位置，那其他妈妈就几乎没机会参与活动，因此感到非常气愤。说到底，这不是发钱、发奖金，而是搭钱、搭时间为孩子付出的活儿，家长们都如此重视，还为此产生了矛盾，足以看出大家"虎"的程度。

前不久，我去参加了一个纽约天才考试研讨会，会上邀请了几位天才班的妈妈来介绍当年是如何辅导孩子考入天才班的成功经验。有两位美国妈妈回忆过去，讲着讲着就哽咽了，其中一位眼泪哗哗的，我们台下的家长们都看呆了。有一位妈妈回忆当她在网上查到孩子成绩单99分的时候，忍不住大哭起来，把她儿子吓坏了。听到这儿，我心里在偷笑，这仅仅是4岁孩子的一次考试而已！可转念一想，这或许能替家庭一年省几万美元的学费，或许能替家庭改变命运，所以家长们重视、紧张都有其道理。大部分天才班家长都是提前一年做准备，有的在孩子2岁半的时候就开始做计划了，给孩子加强各种练习、上辅导班，考试前集中复习做题，天才班家长个个都是拼尽全力的！

第五章　纽约私立教育体系迷人眼

上一章介绍了纽约公立教育，如果你觉得有些复杂的话，那纽约私立教育就更让人目不暇接。

记得我参加纽约顶级私立学校 Trinity School 的宣讲会，校长上台说的第一句话就是："这是你们为孩子做的第一件疯狂的事情，对吗？"全场大笑，但可以听出家长们的笑声都沉甸甸的。

私立学校的十大优势

我在为孩子择校的时候向母亲抱怨过申请私立学校太过复杂，而我母亲的逻辑是既然纽约的家长们对私立学校趋之若鹜，说明一定有其道理。经过一系列的采访、调研和探索，我分析出了私立学校的十大优势。

硬件设施好

走访下来，我观察到公立学校和私立学校教室本身都差不多，私立

⛵ 从纽约起航——我们为什么送孩子去美国读小学

纽约某私立学校

第五章　纽约私立教育体系迷人眼

纽约某私立学校的游泳池

纽约某私立学校的图书馆

学校好就好在公共设施比较全，而且维护得也很好，感觉很新。例如，图书馆比较大（有的公立学校没有图书馆），体育场所多（有的私立学校有游泳池），食堂宽敞干净，教室里配备智能黑板（smart board），还设有单独的音乐教室、语言教室、科学教室等。另外，私立学校的大堂比较宽敞温馨，是门面；而公立学校对于这些方面却不太在乎。调查下来，大部分家长到各学校参观，其实只能看到皮毛，所以硬件给家长的印象还是很重要。而且我发现华人家长对硬件更在意。

老师配比高

前文曾介绍过，私立学校一个班至少配备 2 名老师，还有很多专科老师和心理辅导专家。曼哈顿上西区一所知名私立学校的师生比为 1:5.7，所以私立学校有条件给学生更多的关注和有针对性的辅导，也能为学生提供更广阔的个性发展空间。例如，朋友的女儿在纽约著名的 Dalton 私立小学。小姑娘很喜欢戏剧，学校就鼓励她表演，给她在百老汇找各种机会去试镜、排练和演出。但是她数学特别不好，因此学校给她配了一个数学特别辅导老师，一对一给她补习。

课外活动多

私立学校经常组织郊游，把教学内容放到室外。朋友孩子的学校每年会组织学生到郊外住 3 天以观察各种鸟类。学校还经常组织高年级的学生出国旅行和访问。最有趣的是，我参观过的所有私立学校都骄傲地表达："中央公园就是我们的延伸教室！"老师组织学生在中央公园做社

第五章　纽约私立教育体系迷人眼

中央公园是私立学校的延伸教室

纽约某私立学校组织的酒会活动 　　纽约某私立学校组织的音乐会演出

区服务（如扫树叶），在中央公园观察鱼类和鸟类，在中央公园画画儿，在中央公园研究桥梁。高年级则把纽约哈德逊河当成延伸教室，在河里采集水样，做鱼类的研究，探讨如何减少污染等。相对来说，公立学校在这方面就不够重视。另外，私立学校给家长们提供的活动也很多，如各种讲座、酒会和聚会等。

重视性格和自信心的培养

私立学校尽量不让孩子知道自己成绩落后，会让老师一对一地为孩子进行补习。一个朋友的女儿阅读存在问题，学校并没有找家长，而是派学习专家（learning specialist）给孩子辅导，孩子进步飞快。多年以后，她女儿长大了才忽然意识到原来以前被辅导是因为她阅读不好。有的私立学校到8年级才有各科成绩，之前不考试，怕孩子太小承受不了分数和排名。在美国，低年级分数不公开，孩子们之间也不知道谁考了多少分。他们非常注重保护孩子的自信心，不让其受挫。在性格培养上，私立学校鼓励害羞的孩子多发言，懦弱的孩子多尝试，内向的孩子多参加活动，发扬团队合作精神。很多家长反映孩子进入私立学校后性格发生了很大变化。

重视音乐、体育、艺术课程

公立学校如果遇到经费紧缺或捐款不足时，会先砍去编外课程。而私立学校肯定在音乐、体育和艺术课上配专业的老师。我参观一所私立学校时得知，该校有50多个专业球队；初中毕业时，每个人必须在游泳

第五章　纽约私立教育体系迷人眼

纽约某私立小学的音乐教室

纽约某私立学校的室内体育馆

成绩上达到一定标准。我在北京还为美国加州一所私立学校来华宣讲当过志愿者。在这所私立高中，每个学生要养一匹马，每天早起喂马、学马术，学校还有骑马队。在音乐上，进入三四年级，学校会让学生选择一门乐器，由专业老师来教。学校还组织各种乐队、合唱团，也比较重视戏剧表演（drama）。

应试压力小，作业少

由于私立学校不受教育局的制约和管理，学生也不用参加州统考，

纽约某私立学校的美工教室

所以学校可以按照自己的理念来安排学业进度。有的私立学校可能是前几年让孩子尽情玩，后面加压。有的学校则特别重视人文教育。总体来说，私立学校比较偏重文科，更重视阅读和写作。在阅读上，更重视精读，让学生深入理解。而公立学校每年有阅读数量的指标，需要学生完成。

重视社会公益

私立学校特别强调社区服务和公益活动（community service），鼓励学生做义工。有的学校规定每个学生每年必须做多少个小时的义工，让孩子学会感恩，回报社会。在这方面，私立学校的安排比较呈体系化，而且有持续性。这也是美国家长特别看重的一点。

纽约某私立学校社会公益活动宣传片——到老人院

纽约某私立学校社会公益活动宣传片——照顾城里的树木

学习多语种

几乎每所私立学校都会开设第二外语，很多学校提供5种外语供学生选择。大部分学校重视西班牙语和法语的学习。但越来越多的学校开设了中文选修课。值得一提的是，纽约顶级私立女校布里尔利学校（Brearley School）很早就从学前班开设中文必修课，他们认为学习中文对大脑开发很有帮助。确实，中文是图像文字，英文是逻辑文字，学习两种语言是使用大脑不同的区域。还有几所国际私立学校采用浸泡式双语教育，其中中英文双语教学最受欢迎。

申请大学比较容易

私立学校都配有专业的申请顾问，帮助指导家长和孩子如何申请大学。很多名牌大学会到私立高中来亲自宣讲招生。很多私立高中与某些名牌大学关系很好，有多年渊源，属于"定点"高中（feeder school）。据统计，前14所最受常春藤盟校青睐的私立高中，平均33%的毕业生考入常春藤大学。其中，纽约7所私立学校上榜，占了一半，而且包揽了前三名。排名第一的Trinity School，每年大概有41%的学生进入常春藤大学。

午餐更丰盛

我参观学校时赶上过几次饭点，伙食确实很好，有沙拉吧、面包、小吃、意大利面、汤、几个主菜，以及各种饮品和水果，学生们可以随便享用。有些学校提供有机食品，大部分学校的食堂由指定的绿色农场供应食材。

看完这十大优势，大家一定觉得私立学校竟如此完美！可世上没有完美的学校。除了学费太贵这一让人感到崩溃的缺点之外，有的私立小学家长还抱怨学校没有考试，没有作业，因此不知道孩子到底学习怎么样。有的家长认为，没有政府监管，学校质量很难衡量。私立学校主张家长充分参与学校生活，而如果有的家长双方都很忙，没时间参与学校活动，那么孩子就特别容易被边缘化。私立学校更重视人文教育，不太抓数学等理工科目。另外，如果家庭收入在学校里算偏下的话，孩子可能会有

纽约某私立学校食堂餐吧

纽约某私立学校食堂

一定落差。一个家长对我说，她儿子回家问她："为什么我们家这么穷？"因此，一定要整体衡量你的家庭和你孩子的性格、特长是否适合上私立学校，毕竟让孩子开心地学习最重要。

现在很多文章都在做中美教育的对比，把国内知名公立学校和美国普通公立学校进行对比，有的作者甚至下结论：美国教育也不怎么样。我在国内上的省重点初中和高中，其实我总在不自觉地进行中美学校对比。现在看来，在师资配置和学苗选拔上，国内知名公立学校和国外知名私立学校可以在一个水平线上进行相对公平的对比。国内的名校其实类似于美国的私立学校，家长教育程度高，学生进入门槛高，师资水平高。

家长对不同教育体系无从选择

全美国有33000多所私立中小学，就读人数占全美总学生人数的10%，但大部分私立学校是教会学校。纽约市共有180所私立中小学，分布在纽约市的五个行政区。其中，曼哈顿是美国私立学校和名校最集中的地方，大约有70所。由于曼哈顿寸土寸金，面积有限，所以每所学校规模都不大，最大的一所K–12学校学生总数不过1300人。由于私立学校数量多，造成学校风格也多，让家长选择起来有些眼花缭乱。按照教育方式来分类，纽约私立教育大概有以下几种风格。

传统教育（Traditional or academic education）

以老师为主导，老师上课，学生听课参与。这与国内教育方式基本类似。

进步主义教育（Progressive education）

以学生为主导，学生自己发问思考，老师只起到引导的作用。教学内容不再重视书本，教育以学生实际生活的经验为主，教学方式以活泼生动的经验活动取代传统的背诵及记忆。这种教学方式强调边做边学（hands-on learning），鼓励学生做各种试验，自己寻找问题的答案，学生涉猎范围广，不太受局限；重视合作精神、民主精神和社区服务，把社区服务与每天课程相结合；重视创造力、领导力、解决问题的能力和批判性思维；更尊重孩子，重视他们的兴趣、特长和理想。教育与生活做了紧密的结合，使知识和技能的学习成为有效地解决生活问题的途径。例如，传统教育的数学老师在上课时一般先对上次的作业和学习内容进行复习和讲解，并解答学生们的问题，然后讲新的理论，告诉同学们怎么解答新问题。而进步主义教育的数学老师会花大量的课堂时间让学生讨论一个完全没学过的新理论或新问题，然后引导学生找到解决问题的不同方式。传统教育中教莎士比亚文学的老师会通知学生下次上课讲哪几段内容，让学生回去预习。而进步主义教育的老师会在上课时让学生探讨决定当天上哪几段内容。纽约的进步主义学校在小学和初中几乎没有考试，没有成绩。当学期结束时，老师会给每个学生写一份总结报告。

蒙特梭利（Montessori education）

关于蒙特梭利理念，我们在前面的幼儿园章节已经介绍过了。国内目前有很多蒙特梭利幼儿园，但在中小学教育中，蒙特梭利学校并不多见。纽约有几所蒙特梭利小学，口碑还不错。

教会学校（Religious education）

纽约种族繁多，有很多教会学校，如基督教学校、天主教学校、犹太教学校等。除了正常课程，学校会开设相应的宗教课，还会有例行的宗教仪式。有的基督教学校会把《圣经》的内容穿插到正常课堂内容中。有些学校小比例开放给非此宗教家庭的孩子，但还是本宗教的家庭更愿意申请。根据美国私立教育委员会的统计数字，全美一共500万名学生就读于私立学校。其中，有79%的学生就读于与宗教有关的私立学校。教会私立学校的学费一般会比普通私立学校便宜很多。

私立学校整体的教育理念和教育趋势是什么

从很多纽约私立学校的宣讲会、参观活动，以及校长和主任的讲话中，我对私立学校整体的教育理念做了如下总结。

品格很重要

学校一般都主张首先要培养孩子成为好公民，有爱心，为社会服务。在这方面，私立学校确实很下功夫，也舍得把课程时间让给社区服务。

创造力与批判性思考（critical thinking）

学校都强调很多问题没有统一答案，鼓励学生自己去思考、去探索、去挑战。

快乐教育

一定要让学生快乐地学习，要保持终身学习的热情。一个学校的宣传册上道："快乐的孩子才能学得更多。"（Happy children learn more.）

不要死记硬背

学校强调边做边学，自己提出问题，自己找到答案，这样才能做到深刻理解，而深刻理解后才能创造。死记硬背将磨灭孩子的学习热情，也达不到良好的学习效果。

看到以上的总结，会不会觉得与我们小时候在国内受到的传统应试教育有些背道而驰呢？

前面提到了私立学校有不同的教育风格和体系，但我发现目前的大趋势是它们彼此之间相互融合。被认为是最典型的进步主义学校在宣讲会上说他们一些课程时段也比较结构化（structured）；传统教育的学校也强调要充分发挥学生的创造性和学习主动性。纽约几所私立学校的理念

第五章　纽约私立教育体系迷人眼

纽约某传统教育私立学校一年级周一日程表

是询问式学习（inquiry-based learning），其实就是传统教育和进步主义教育的综合体。而蒙特梭利是最早的儿童教育理念，任何教育体系都融合了一些蒙特梭利的理念。

⛵ 从纽约起航——我们为什么送孩子去美国读小学

纽约某私立学校三年级数学课

纽约某私立女校课堂

第五章　纽约私立教育体系迷人眼

私立学校有排名吗

美国私立学校是有排名的，但基本上是学校整体排名。排名以高中部为主，还有专门的住宿高中大排名，而并没有单独的私立初等教育排名。在纽约，这些排名都不重要，因为家长们都口口相传，对学校的档次心知肚明。我初来乍到真的完全不懂，在网上做了一些研究，但找不到私立小学排名。后来，我请了一位咨询师，她神秘地对我说私立学校分三个档次，然后默默地写下第一梯队学校的名称，有十几所。

我买了几本有关纽约私立学校申请的书籍，但没有任何一个官方渠道告诉你哪所是一流，哪所是二流或三流，以及你想知道的一些八卦（学生家长的层次、学校的风气、近几年的声誉等）。这些好像都是口口相传。有个私立学校主任告诉我们一个方法，让我们在学校上学或放学时守候，看看进出孩子们和家长们的状态，自己感觉一下是否能融合进去。我脑子里顿时浮现一个景象：如果都是加长豪车来接送孩子，如果妈妈们人手拎一个爱马仕手袋，那我立刻就掉头回家。

选择男女合校还是单性别学校

一直在中国受教育的我们对单性别学校知之甚少，感觉很陌生。当我得知纽约有很多知名的男校和女校时，第一直觉是排斥。我总觉得让女儿十几年一直在女校学习而不接触男生有些怪怪的。后来，我发现单性别学校特别受纽约家庭欢迎，我认识的每个家庭都要报几所单性别学校。很多朋友都劝我要思想开明（open-minded），对此我做了一些研究后，对单性别学校就不再排斥了。

众所周知，男孩和女孩在初等教育阶段，在头脑、认知、心理和身体的发育等方面截然不同。女孩比较早熟，在语言、音乐和精细动作能力上比较强，更听话，能安静地学习，注意力比较集中，所以目前初等教育阶段的现状是女孩普遍学习成绩比男孩优异。在课堂上，老师也更喜欢女孩。很多家长反映，学校里阴盛阳衰的情况很严重。

对此，我总结一下就是男校的低年级教育对男孩儿发展确实比较有利，而女子学校的小学课程据说可以甩男子学校几条街。学校往往抓住女孩儿起步早的优势，尽早开发大脑，多学习，争取帮她们把这种优势一直保持下去。美国教育部 2008 年报告显示，在单性别的小学和初中里，学生会更热衷于教学活动，更喜欢完成家庭作业，而教室扰乱现象明显降低。

例如，纽约州就有 200 多所纯男子学校，有 52000 名男孩在里面就读。其中，纽约市有多所著名的男子私立学校，如 The Browning School、St. Bernard's School、The Buckley School 和 Collegiate School，学校提供从学前班到初中或高中的教育，学生毕业后进名校的比率非常高。

研究显示，传统教育方式在低年级时特别适合女孩。老师希望学生们听讲时保持安静，但是对男孩来说，这并不是他们获取知识最好的方式。男子学校会按照男孩的成长节奏安排课程。男子学校的低年级阶段课程比较简单，老师会抓住男孩天性中好奇心强和能量大的特点，在课程里融入很多运动和手工来提升男孩对学习的兴趣；会增加室外运动和球类团体运动项目，让男孩自由释放；还会增加演讲和辩论培训；会设有木匠等手工课程和科技类课程。纽约某男子学校每天安排2个小时的运动时间，1年级就开展多项团体运动培训。

男子学校鼓励学生追求更广泛的兴趣点。在男女合校里，男孩课外班一般会局限于体育、数学和科学，而不大好意思选择女孩比较强的艺术、音乐和外语，怕被女孩嘲笑。研究显示，男子学校的学生更愿意探索多个领域，他们选择艺术、音乐和外语的比率是男女合校的2倍。这种自由会积极影响男孩的爱好发展和课外活动，使他们更容易获得自信。

女校的高年级对女孩儿发展更有帮助。在高中时，女孩儿情窦初开，在学业上特别容易被男生分心，直接导致女生学业下滑；女孩在男同学面前，在课堂上或者其他场合做事情会有些羞涩，总考虑男同学的想法，放不开。在男女合校课堂上，踊跃举手发言的以男生为主，各个俱乐部主席也是男生居多。而且，美国高中有一种比较普遍的现象：女孩儿认为如果自己成为学霸（nerd）就不会被男同学喜欢，所以有时故意把自己变得笨笨的。而在女子高中就不一样了，大家不受感情方面的压力和影响，特别放得开，可以自由地做她们自己，在学业和特长上能够全身心地投入，在学校能获得更多的机会提升领导能力。纽约有三所著名女子学校：The Brearley School，其毕业生进入常春藤盟校的比例排名全美第三，高达37%；The Spence School的比例达到33%；The Chapin School为30%。这三所学校均进入全美前10名。对于女子学校，美国在几十年里做了三次大调研，结论是，相比男女同校，由于女子学校的学生投入了更多的时间在学习上，所以她们的学业上更加突出；学生更加自信，更善于公众演讲，更有领导能力；有更高比例的学生喜欢数学、工程和计算机等学科。

单性别学校最大的缺点就是性别单一，可能造成以后和异性相处困难。我朋友的女儿在女校就读13年，确实存在看到男生比较害羞，不知道怎么与他们打交道的问题。在这一点上，纽约几所顶级的男校和女校进行联谊，经常一起搞活动，尽量弥补这个不足。

纽约地域文化影响学校文化

住在纽约市的人都知道地址（location）很重要，location、location、location。新朋友互问地址后，大概就知道对方的"财务"情况，当然这是另外一个话题。

在纽约，对私立学校比较疯狂的家长主要集中在曼哈顿。曼哈顿是个南北细长的岛屿，大体分为下城（downtown）、中城（midtown）和上城（uptown）。中城以办公居多，住宅和私立学校一般集中在下城和上城。上城以中央公园为界分为上东区（upper east side）和上西区（upper west side），这两个区也是全球知名的优质住宅区。虽然下城、上东区和上西区相隔并不远，但地域文化和居住人群差别较大。下城集中了艺术家、金融家、时尚界精英和年轻无娃的单身贵族；上东区集中了律师、医生、金融家、富N代（old money）和贵族（society）；上西区则是以新贵（new money）居多，这里集中了媒体人、创意精英、教授等知识分子和百老汇戏剧演员及其他娱乐界人士。有趣的是，各区域私立学校的文化也与之

第五章　纽约私立教育体系迷人眼

纽约市地图

相对应：下城的私立学校多以创新、科技、自由为特点；进步主义学校集中在上西区；上东区以传统学校居多、单性别学校居多、贵族学校居多。本书第三章曾提及的那本美国畅销书《公园大道的灵长类》，讲的就是一位曼哈顿妈妈从下城搬到了上东区后所受到的文化冲击，以及她的孩子择校时所碰到的种种奇遇。从下城到上城，从上东到上西，坐地铁或乘车就20分钟以内，却形成了三个世界。

我参观了上东区、上西区和下城区的私立学校，其风格确实不一样。

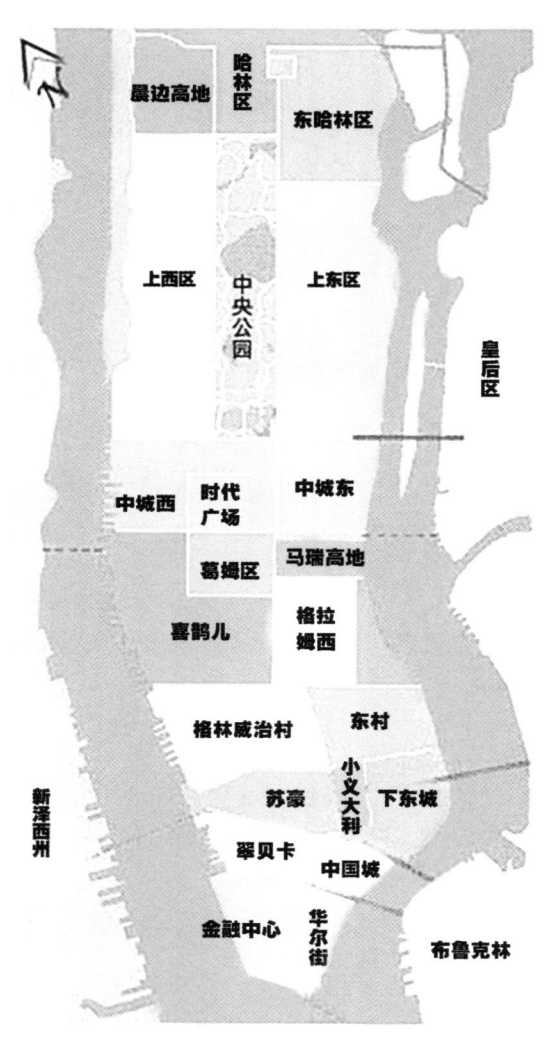

纽约曼哈顿地图

上东区私立往往都有校服，学校装修得非常精致，教室布置得很时尚，也非常整洁干净。上西区私立一般不穿校服，学校不太注重装修，教室也有点儿乱乱的。下城区的私立学校比较少，很多都是新概念和新兴学校，高科技感十足。近几年新开的几家私立学校大多涌入到下城区，包括在加州很有名的 AltSchool 也进军到曼哈顿下城。

选择 K–5，K–8，还是 K–12

每个私立学校网站都会告诉你它们是 K–5、K–8，还是 K–12。K–5 指从学前班（kindergarten）到 5 年级，没有初中部和高中部；K–8 指读到 8 年级，只有小学和初中；K–12 指从学前班一直到高中毕业。纽约私立学校以 K–12 居多，也最受欢迎。因为家长们在为 4 岁孩子申请学前班时才发现，原来如此烦琐、费时，比当年自己申请本科、硕博时还累，所以大家都"受够了"，不想孩子到 5 年级、8 年级再申请一次。

我到某 K–8 学校参加宣讲会，校长说她知道家长们更喜欢 K–12 的学校，她也理解大家都不想再经历一次申请过程，但是她保证申请学前班是各个申请阶段中最艰难的一次，申请高中就会容易很多。因为高中的就读地点不再局限于家附近，选择面很广，孩子也懂事了，他们会比较配合。而学前班申请全部是曼哈顿精英"窝里斗"。听她说完，我心里一凉："我的天啊，申请学前班这一关居然是最艰难的！"

后来，我向校长提问 K–8 与 K–12 相比有什么优势？我认为她的回答很有说服力，供大家参考。她说，在 K–12 的学校里，初中阶段夹在中间比较尴尬，学校会更重视小学和高中，初中因没有升学的压力而容易被忽视。而 K–8 学校特别重视初中，孩子们要申请高中本身也有压力，所以初中阶段会比较卖力。另外，一所 K–8 校长对我们说，初三申请高中对孩子是个非常好的锻炼，他们要考试、写文章、去面试，会变得很成熟，等于是申请大学前的演练。而且，K-8学校没有大学升学压力，可以专心给孩子做基础教育和素质教育。

对我自己来说，我不太喜欢K-5，因为时间一晃就又要申请初中啦。但我不太在乎K-8还是K-12，因为我计划让孩子们到外州读寄宿高中，这样就要在8年级申请新的高中。由于每个家庭对未来的规划不一样，所以择校并没有好坏对错之分，只有适合还是不适合。

本书后面附有《曼哈顿及周边私立学校一览表》，其中很多学校招生从N（nursery）幼儿园开始，有的设有2岁、3岁班，有的从4岁班开始。这些N班主要为在校学生的弟妹开设的，方便家长接送孩子。如果进入这些学校的N班，那么一般就会顺利直升上去，而无须加入K的申请大军，除非想换学校。所以很多家长觉得申请K太激烈，就早早申请这些提供连续教育学校的N班，这样就一劳永逸了。不好的一面是孩子在2岁或3岁的时候很难看出他们的特长或性格，这样草草定了一所学校不一定是最适合孩子的；而4岁申请K的时候可供选择的学校更多，孩子也更成熟，家长会更好地把握。有几所顶尖学校设有N班，有名校情结的家长都踊跃申请，对他们来说，学校名字比什么都重要。

什么家庭申请私立学校

在上一章，我们介绍了家长选择私立学校有三个最主要的原因：班级学生少，师资力量强；社交圈子比较高大上；想进名牌大学。

大家可能会好奇，到底什么样的家庭会舍得每年花4万多美元学费（不含捐款和延伸的高规格的吃穿住行）让孩子进私立学校?

富豪家庭：对他们来说，这点儿学费就像我们每年给孩子花1000美元一样。这种富豪家庭一定还会有很多社会资源和人脉关系，所以他们瞄准的是顶级私立学校，顶级上不去也能上个二流的，不被录取的可能性很低。很多富豪家庭都是私立学校的重要捐赠方（donor），世世代代被录取都很容易。

中产阶级：中产阶级分化比较明显，大部分家庭不愿意承担这笔费用。我们幼儿园的一位两个孩子的妈妈对我说：如果她家选择上私立学校，那她家一辈子都攒不下钱，所以果断放弃。我发现这些父母从小都是受公立教育成长起来的，他们觉得公立教育也不错。从小上私立学校的中产父母则更倾向于把孩子送到私立学校。还有独生子女家庭的，或非常要强的，或非常要面子的，或想提高自己社交圈的父母，更愿意把孩子送进私立学校。中产阶级偏好顶级私立学校。因为各私立学校的学费差距不大，这些家长们只愿意为一流的私立学校掏腰包，这种心情可以理解。如果上一个三流私立学校，很多家长认为还不如去免费的公立学校划算。

外国家长：美国公立学校只允许美国公民或持有绿卡的学生注册，或者需要孩子的父母有合法的美国工作或学生身份。否则，外国家长只能给孩子选择进私立学校。听说有的公立学校对身份查得不严，一些外国家长在当地租房让孩子蹭上公立学校，但是一旦被发现，后果就比较严重，所以还是要谨慎。

贫困家庭：各个私立学校的网站都会告诉你如何申请助学金（financial aid）。大部分学校公开披露每年发放助学金的额度，助学金的数额也是私立学校排名的指标之一。为什么要给助学金？助学金就是吸引那些特别优秀的、但家庭无力承担学费的学生。这样，一来学校在学生平均成绩水平上可获得一个提升；二来这类学生来自不同的家庭，也给学校增添了多元化氛围。纵观各个私立学校的网站，都在强调多元化（diversity）——肤色多元化、家庭层次多元化、孩子特长多元化、孩子个性多元化，目的是让学生们在学校这个小社会能接触到更多的信息，碰撞出更多的创意火花。一般每个班会有 20% 的学生获得部分助学金或全额助学金，但助学金只给那些确实无力支付学费的家庭。

你所不知道的私立学校捐款文化

上一章讲了 PTA，公立学校的捐款文化，现在说说私立学校的。别看你交了大把学费，其实私立学校的捐款文化更盛行。我认为整个美国都有很浓厚的捐款文化。Facebook 的创始人扎克伯格宣布向社会捐出 99% 的股票（市值 450 亿美元），而引发热议。其实，很多美国富豪都设立各种基金会和信托，捐巨资或进行裸捐。不管他们是不是以避税为目的，但事实上都在为社会捐款，回馈社会。其中，肯定是把一部分应该给政府的税收转移给了社会，这不乏是一种好方式。

如果你的孩子上私立学校，你每年将会收到类似这样的一封信："学校用来教育您孩子的各项开销超出了您支付的学费，请您捐款帮助我们抵消这 10000 美元（举例）的缺口。您这笔捐赠将会对学校继续保持高水平的运营起着至关重要的作用。"这封信的言外之意就是你必须捐款。大部分私立学校对外宣称学费只占学生教育总支出的80%，还有20%的缺口；以4万美元学费计算，平均每年每个孩子要捐1万美元。捐完后，学校会印刷一份名单，列有捐款区间，下面有人名，这还是给家长很大压力的。尤其是老大已被录取在学校就读，如果你不捐或捐得太少，可能会直接影响老二被录取的概率。美国私立学校大部分是非营利机构，在美国税务局获得501（c）（3）地位，意思是这笔捐款可以为你抵税，因此很多富豪家庭愿意给学校捐款抵税。当然，这也是为了以后申请大学时让学校会更重视和照顾自己的孩子，这是另外一个话题。2016年，纽约某顶级私立学校的最高个人捐款为750万美元，为一个小孩子一年捐给学校这么多钱有点儿不可思议。好友说她的一个朋友有三个孩子，老大进了名校后，她朋友捐了200万美元给学校，既是为了能把自己的名字刻到一块学校的牌子上，当然也是为了老二、老三能顺利被该校录取。而我一个朋友和我讨论家庭预算，计划把孩子送到私立学校。我听下来似乎她只算了学费，便和她说了捐款事宜，她特别惊讶地问我："私立学校还需要捐款啊？"，真让我哭笑不得。

除了"明捐"，每年学校还会组织各种活动吸引家长进行"暗捐"，常见的活动名头有：老师列出需要的教学道具让家长买（wish list），书展，让家长买书（book fair），让家长捐糕点然后卖给其他家长（bake sale），以及春季盛会（spring gala），拍卖会（auction），周年庆（anniversary），节日盛会（holiday gala），学校扩张或修建基金（construction fund），年度学生绘画作品展出（annual art show），年度秋季集市（annual fall fair）等。参加这种学校盛会一般要买门票，还要家长提供各种赞助。当然，学生毕业后还有校友捐款（alumni fund），校友捐款会对以后其孩子申请母校起到积极作用，算作"legacy"校友子女优先通道。

私立学校喜欢录取什么样的孩子

私立学校喜欢这样的家庭：父母有时间、有金钱、有地位，重视孩子教育，最好妈妈不工作，可以投入学校的各种活动中。学校也会选择不同行业背景的家庭，让学校更加多样化和多元化。

私立学校喜欢什么样的孩子？学校在面试孩子的时候会注重以下几个方面。

- 目光注视（eye contact）孩子沟通能否看着老师的眼睛，落落大方。
- 专注力（focus）孩子们在玩玩具时的专注力。
- 语言（language）通过语言交流看看孩子的表达能力。
- 沟通（interaction）孩子与老师的沟通，孩子与孩子之间的相处能力。
- 画画（drawing）画画好的孩子比较受欢迎。
- 成熟度（maturity）通过孩子的出生月份和表现，评估孩子是否足够成熟。私立学校喜欢成熟的孩子。

当然，除了这些，录取的时候还要考虑男女配比（一般都是男女各一半）、性格搭配（班里不能都是爱说、开朗和要强的孩子）、种族搭配（白人、黑人、亚裔、西裔的比例）、成熟度搭配（有的孩子月份大，有的孩子月份小）等。申请确实要凭运气，孩子优秀并不意味着一定会被录取，因此咨询师建议每个家庭申请8~10所学校比较稳妥，几乎每个家庭都按这个数量来准备，这已经成为一种纽约的"风俗"。有一次，一位校长和家长们开玩笑说："我认为纽约有 16 所一流的私立学校，估计你们都申请了吧？"引起家长们开怀大笑。

私立学校好，申请还是不申请

纽约私立学校教育的整体质量不错，但对家长来说确实是一笔不小的开支。我听说一个华人家长与要上高中的儿子探讨："我们家的财力只够买个好房子或者支付学费，如果供你上私立学校就没有好房子住，你选择一个吧！"最后，孩子选择上私立学校，并考上了一所麻省顶级私立高中，4 年后不负众望考上耶鲁大学，准备以后当医生。

我发现一个现象，美国家庭在是否上私立学校这个问题上不太犹豫，要么坚决上私立，觉得最差的私立学校也比公立的好；要么坚决上公立学校，觉得私立学校花费太大，没有必要。但我周围的华人家庭都很犹豫，因为我们从小在国内长大只知道考重点学校，不了解私立学校文化，而在美国既想让孩子接受好的教育，又心疼学费，都很摇摆。结果是大部分华人选择了购买好学区房，让孩子进到好的公立学区。由于纽约市的公立学校硬件设施相对差一些，学校空间也小，所以我周围的华人家庭为孩子纷纷搬出曼哈顿，都去郊区住别墅了。不过，目前郊区好学区里的亚裔孩子比例越来越高，有的甚至达到 70%。

我一度也非常犹豫，还开了家庭会议讨论。纽约私立学校学费太高，平均达到 45000 美元 / 年，预测 2018—2019 年一流私立学费都会突破 50000 美元，确实定价过高（over-priced），而且一供就是 13 年，加上大学 4 年，一共17年，对家长来说是个超长期投资（long-term commitment）。经过一段时间的思索，我心里终于明朗起来。

对于是否申请私立学校，家长要考虑清楚以下三个问题。

孩子是否敏感

你的孩子是否特别有物质欲？是否看别人有的，自己也一定要有？如果你的孩子对物质特别敏感而你又不是超级富豪，或者孩子本身不太自信，又有自卑感，那么建议孩子不要去私立学校。美剧《绯闻女孩》（Gossip Girl）里来自中产家庭的Jenny总被富豪同学瞧不起，她对爸爸喊："你不要以为给我支付了私立学费和一张地铁票就万事大吉了！"所以一定要整体衡量你孩子的性格是否适合上私立学校，毕竟让孩子开心地学习最重要。

经济基础

如果上私立学校，经济上会影响你们的旅游计划、购房计划、奢侈品购物计划，甚至吃喝等正常花销，你觉得是否能甘心承受？如果自己总有抱怨或者感到经济压力太大，那么建议你放弃私立学校。我们身边确实有私校家长因压力过大而得癌症或抑郁症的。纽约某教育专家说过一句话："如果钱不是障碍，那么建议一定要上私立学校。"

重视结果还是重视过程

一些朋友劝过我："那么多上公立学校的孩子不也能考进耶鲁、哈佛吗？"确实，美国大学录取不像中国高考按分数排序，每所大学在一所高中不会招很多学生，别看名校升学率高，内部竞争却非常激烈。如果在名校排不到前列，还不如到普通高中名列前茅申请好大学的概率大。我一位好友的女儿考进纽约最有名的斯蒂文森公立高中（初中毕业需要考试竞争录取），里面人才济济。她在学校排名中等，已经非常不错，但毕业时并没有升入理想的大学，很可惜。但我的这位好友并不后悔，她认为过程更重要，在斯蒂文森高中学习这四年给她女儿的积极影响是终身的。

私立学校也一样，他们的教学理念、教学方法、对孩子性格的培养，以及社交圈和朋友圈都会对孩子的一生产生深远的影响，这似乎并不应该以最终是否能进到常春藤名校为衡量标准。我先生极力主张孩子上私立小学。他的观点是如果家里有一小笔钱计划投资教育，一定要投资在孩子教育的早期阶段，打好早期教育的基础。如果攒钱计划投资在高中或大学，到时候这笔钱很可能没有用武之地了（言外之意孩子已经跟不上了）。我在北京参加过一个爸爸组织的小论坛，他女儿北京初中毕业考到美国顶级的私立高中，他感慨自己女儿上的那所私立学校的教育方法太好了！他们培养的是一个有品格的人，一个热爱学习的人，并懂得学习方法。他认为即使大学进不了名校，这些毕业生们以后步入社会也会取得成就。这几天上网看到一个赫然的标题："虎妈蔡美儿教育方式见成效，两个女儿入读哈佛耶鲁"。很多中国家长、美国家长和各国移民家长都认为孩子进了顶尖大学就是教育的成功和终极目标，我对此表示很无奈。简而言之，如果你特别想让孩子进哈佛、耶鲁、斯坦福等知名大学，而孩子还不算特别出类拔萃，其实进私立学校就读未必是最好的选择。

如果家长们把这三点都想清楚了，答案自然会了明于心。

第六章 申请纽约私立学校胜似高考

各大私立学校申请竞争白热化

纽约市虽然有180多所私立学校，但受到土地面积限制，每所学校的规模都不大，所以招生总人数并不是很多。一般一个年级30~50人，每个年级80人都算是规模很大的私立学校。后面会具体提到弟妹优先原则，大部分学校有弟妹特权，可以提前录取；去掉这部分名额，还有校友子女（legacy）优先、老师子女优先和很多"名人关系户"优先，真正轮上老百姓的，名额少之又少。据说，有一年联合国国际学校最终只放出2个名额。2017年，纽约某顶级私立学前班一共60多个位置，最终只放给"大众"12个名额。就算把所有名额都算上，纽约几所知名私立小学的录取率也只有可怜的5%，甚至低于常春藤最难进的哈佛大学，哈佛大学的本科录取率大约是6.5%。纽约某儿童补习班的老板分析申请竞争如此白热化的原因为：钱多、注重教育的移民多、高学历也期待子女读好学校的家长多。因此，在纽约形成了一股风暴，家长无不

第六章　申请纽约私立学校胜似高考

想尽办法让孩子挤进去。

纽约私立学校在秋天一般会举办宣讲会（open house），在春天会组织春季参观团（spring tour），让潜在的申请者了解学校、参观学校。这些活动都需要事先注册，在注册时就能感受到火爆程度。顶级私立学校 Dalton School 公布某周六可以打电话注册春季参观团，我和好友想去看看。我们两个约定一起打电话，谁先打进去就报两个名额。结果我俩从早9点一直打到截止时间的中午12点，但谁也没能打进去，手机都被我打没电了。隔一天的周一倒是打进去了，但学校说名额已满，把我们排在了候补队伍中，最后的结果当然是石沉大海，没有回音。好几个学校的宣讲会，在网上根本抢注不上，都显示已满。最后实在没办法，我决定当场混进去。到前台，他们找不到我的名字，我说："我在网上注册了，你

纽约私立学校展会

们是不是漏掉了我的名字？"后来他们还是欢迎我进去了。真是把家长逼到了"狗急跳墙"的地步。有几个学校更牛气，要求必须先申请，再参观，不申请的恕不接待。可见人家根本不缺优秀生源，而只求安静。

有一次我参加纽约非营利组织家长协会（Parents League）举办的私立学校展会，人山人海，有的学校展台根本挤不进去，问个问题都需要排很长的队。当然，越有名的学校展台前队伍排得越长，那些不懂行的父母看队伍的长短便能略知一二。

无论参加私立学校的宣讲会还是春季参观团，我都很感慨家长们的重视程度。我自认为参加这种大会不必太讲究，因为学校根本不会记住父母们的名字。可事实是这种活动无论在白天还是晚上举行，都是父母齐上阵，爸爸们一律西装革履，妈妈们更是争奇斗艳，满身名牌。看来，在美国文化中，穿着代表你对其的重视和尊重的程度。我在某私立学校参观遇到一位妈妈，穿着高贵，给我留下很深刻的印象；而过了几天我在某公立学校参观时又碰到了她，居然穿着牛仔裤和T恤，差别好大，我看了半天以为认错人了。纽约私立学校电梯很小，大部分参观者都要爬楼梯。当我看到妈妈们都艰难地踩着10厘米的细高跟鞋爬楼时，一句"可怜天下父母心"涌上心头。

美国也走关系吗

很多人会问："美国也走关系吗？"其实有人的地方就一定会讲关系，这是人之常情。我读过一本有关纽约私立学校申请策略的书籍，其中有

第六章　申请纽约私立学校胜似高考

一章专门写了如何利用你的关系。比如，你认识学校董事会成员，你认识学校的老师，你认识就读学生的家长等，如果他们去招生办公室替你美言几句或写一封信，负责招生的人就会更重视你、更相信你。你的孩子所在幼儿园的园长一般也会和几所私立学校有很好的关系。如果她在背后帮忙做推荐，也会非常有帮助。我的一位朋友在华尔街某对冲基金公司工作，几家基金抢着并购这个公司，其中一个基金公司老总对他的老板说："如果你选择我们，我可以让你的孩子进到某某私立学校（因为他是那所顶级私立学校的董事会成员）。"你看，进私立学校居然成了并购交易的条件之一，这真是只有纽约才有的故事。

之前提到的纽约畅销书《公园大道的灵长类》，作者讲述她从纽约曼哈顿下城搬到上东区后生活发生的巨变。作者在书中提到，由于搬家和她的疏忽，错过了儿子申请幼儿园期限，打了一圈儿电话，学校都不接受她的申请，于是她就求助于她的房产经纪人。纽约的高级房产经纪人交际面很广，很快就帮她搞定了，几所学校都安排他们去面试。结果她儿子在面试一家顶级幼儿园时表现很不好，甚至去打校长的胳膊，他们很绝望，马上求助于孩子的姑妈。孩子姑妈的四个孩子都从那所幼儿园毕业，当初还捐了很多钱。姑妈一个电话打过去，她儿子最终被录取了。我看过著名时装品牌 DVF 创始人的自传，书中写她邻居是布朗大学的校长，后来她儿子和其女友都顺利进入布朗大学读本科。追过美剧《绯闻女孩》(*Gossip Girl*)的家长，也许都还记得剧中孩子们高中毕业前富豪家长们是如何利用关系让自己的孩子进入理想大学的。

美国对校友子女"legacy"这层关系也很重视，很多学校会开"校友子女优先通道"。经常捐款的校友，为学校出力的校友，其子女被录取的概率更大。一些律师校友会常年免费为母校担任法律顾问，其他领域的校友也积极为母校做贡献。私立学校最骄傲的就是拥有雄厚的高大上的校友资源。

另外，我参观了几十家私立学校，接待我的几乎所有老师或工作人员都会对我说："我的孩子们就在这所学校上学。"可见，每年为数不少的教职员工子女还是会被优先考虑录取，而且大多数学校给老师的孩子学费减半。此时的我恨自己当初为什么不学教育专业，如果在私立学校当老师，就不用为孩子上学操碎心啦！

幼儿园园长很重要

在一本有关纽约私立学校申请策略的书里，还有专门一章阐述幼儿园园长的重要性。章节的标题让人忍俊不禁：你和幼儿园园长的关系远比与你岳父岳母或公婆的关系更重要。《公园大道的灵长类》里面也夸张地描述他们孩子的幼儿园园长，说她是"世界上最有权力的女人"。

如果你查询纽约各幼儿园的介绍，最后会有一项：幼儿园毕业生的升学情况和去向（placement），并会列出近几年其毕业生升入了哪些知名小学。当我第一次看到这些时，都不敢相信自己的眼睛。在国内，只有初中和高中才会如此介绍自己的毕业生吧。作为幼儿园园长，他／她要力争让毕业生都进到理想的小学，这样幼儿园才会有好口碑，招生也才会更加火爆。园长们都努力和私立学校建立很好的关系，并努力让他们的推荐获得私立学校的信任。园长要负责给每个孩子写长达 18 页的 学生情况报告（school report）。为了保证自己的声誉，园长不会在报告中夸大其词，但他们会在毕业生家长中协调，让大家把第一志愿学校分散开，他们依次去推荐。例如，如果你和园长的关系很好，她会告诉你她和哪些学校的招生办很熟，帮你推荐几所适合你并有把握的学校。如果园长了解到几个家长都要首选某一个学校时，她会劝退一些家长，保证1~2个家庭的孩子能被录取。在发榜前，园长的重要性更加凸显。有的学校会给幼儿园反馈想录取哪个学生，园长就会与该学生的家长沟通，询问该校是否是他们的第一选择。总之，在孩子的择校问题上，园长会从中起到很重要的沟通作用。

其实，幼儿园园长的这种权力可以延伸到美国的小学、初中和高中，也就是说，你孩子目前所在学校的校长很重要，因为他们都会和上一级的学校建立关系。

幼儿园给私立学校提供学生情况报告

⛵ 从纽约起航——我们为什么送孩子去美国读小学

申请程序好烦琐

说到申请私立学校，这就是一部血泪史。它看似简单，只需要提交申请表含介绍孩子的文章，家长面试、孩子面试，提交学生情况报告，但实际操作起来特别烦琐，其中的艰辛谁申请谁知道。选什么学校？哪些学校适合你的家庭和孩子？选几所学校报考？从查询、咨询，到去每所学校听宣讲会，这个过程就要耗费大量的时间。上一章提到，纽约家长一般会为孩子申请 10 所学校，那么接下来要在这 10 所学校网站上开设账户，网上填写 10 份长长的申请表，撰写至少 20 篇文章（一般每所学校要求写 2 篇文章介绍你的孩子、你的教育理念和期望等，有的学校要求写 6 篇），交 10 份申请费，然后等待面试通知。在前一年 10 月到第二年 1 月份之间，就要到 10 所学校分别接受家长面试和孩子面试，一共 20 次。每次面试回来都要给学校寄感谢卡（建议手写的精美卡片），这其实又是一篇小文章，讲述这所学校哪些地方让你印象深刻，外加感谢，至少 10 张。有的学校还单独为申报家长举办参观活动，在白天参观学校看看真实的学生生活，又是 10 次。有的家长为一个学校就要跑 6 趟，参加各种活动，混个脸熟。之后，家长还要让幼儿园园长寄出学生情况报告（school report）。我第一次看到报告样本吓了一跳，一会儿选择题，一会儿问答题，密密麻麻，洋洋洒洒 18 页，真替园长感到头疼。12 月底是呈交所有申请材料的截止日期，所以从 12 月初，家长们就要经常上学校网站查看自己的材料是否已递交齐全。我申请的一所学校总显示还没接到学生情况报告，害得我 1 月份还不停地打电话协调，特别紧张。

第六章 申请纽约私立学校胜似高考

这还没提到孩子参加标准考试的环节，本章后面将会讲述。建议家长在申请学校前做一张进度表格，记录各学校的交表、参观、面试、参加活动、寄感谢卡、反馈意见等时间、联系人、情况进展等，以防忘记或混淆，让整个申请过程更加具有规划性。

材料齐全了可以稍微松口气，但这并不代表申请结束。1月份家长需要和幼儿园园长沟通，看看是否有些内幕消息，然后决定给哪些学校发第一选择邮件或信件（first choice letter，坚定表决心——如果你们录取我孩子，我们就一定会上），给哪些学校发"我爱你"邮件或信件（love letter，表达我太爱你们学校了，录取我的孩子吧），再折腾一轮。另外，1月份各所学校开始预热，举办各种见面活动，如早餐会、咖啡会等，让家长们更加了解学校。然后，2月初的某一天，纽约私立学校会统一发榜，家长们紧张地等待判决。如果同时接到几所学校的录取信，那么你需要在一周之内决定最终去哪所。发榜后的一周也是令家长纠结的一周。各所学校都给被录取的家长准备活动，推动家长们签约。很多家长在几所学校之间难以抉择。而有的家长拿到一堆候补信（wait list），急得像热锅上的蚂蚁，每天不停地打电话向学校表决心。

因此，家长纷纷抱怨申请阶段的这五个月就是全职工作（full-time job）。我的一个朋友听我口述完这个过程后，已经吓得不敢申请。我们幼儿园的一位家长给孩子申请了6所学校，夫妻两人都是白领，那五个月中，为了给孩子申请学校，他们总要请假，压力很大。还有一位朋友说，他老板本来穿得非常随便，可到了秋天，时不时就穿得特别正式。老板抱怨他要带孩子去面试或者自己要去参加家长面试，所以大家只要看到他着正装，就知道又是他参加面试的日子，都对他深表"同情"。幼儿园建议，如果决定申请私立学校，家长们在夏天就要和老板打招呼，表明秋季会因此而影响工作，让老板事先有心理准备。

4岁孩子居然要参加各类入学考试

如果你觉得上述申请太折腾了，那么前几年申请时的情形更可怕，因为自1966年以来大部分纽约私立学校都需要孩子参加名为"ERB"的考试。ERB这个考试的真正名称是幼儿招生评估（Early Childhood Admission Assessment）。这项考试是韦氏学前及学初智力量表（Wechsler Preschool and Primary Scale of Intelligence）的考试版本，其中包括两个项目：语言（包含词汇与阅读理解）和表现（图片概念和积木设计等技能）。孩子会得到3个以百分比排序所得的分数，此外还有一个综合分。一个自豪的家长通常会告诉别人自己的孩子得了"99×3"，或者简单地说得了99分。据说，几年前，纽约家长们在游乐场和公园里到处询问和炫耀孩子的分数，孩子得低分的家长都抬不起头来。

2013年，代表140多所私立学校的大纽约独立学校招生协会ISAAGNY（Independent School Admissions Association of Greater New York）宣布由于考前辅导过于泛滥，导致分数水涨船高，使这项考试不再是一种精确的评定儿童能力的计量标准，2014年将停止向成员推荐使用该考试作为入学要求。该协会的绝大多数学校都已遵从了它的建议。这个历史性的决定让成千上万名四五岁的孩子从一项持续了半个世纪的纽约童年必备仪式中解脱出来。目前，在各学校未能对单一的替代方式达成一致时，该协会决定允许每个学校制定自己的招生政策。

我在研究纽约私立学校时看到了这个取消考试的喜讯，第一时间告诉了我先生。他说："这是个什么协会？这么长的名字，不过我太喜欢这个协会了！"

然而，ERB 被取消后又冒出了一个新考试 AABL，它是由 ERB 新近发布被称为初学者入学评估（Admission Assessment for Beginning Learners）。这个新考试是在 iPad 上测试 4~6 岁孩子的语言、推理、识字和数学，考试结果在两天之内就会出来。此前的 ERB 考试是韦氏学前（Wechsler Preschool）和智商初量（Primary Scale of Intelligence）的一个版本，其目的在于测量智商；而新考试更多的是以知识为基础（knowledge-based）。几所知名私立学校包括霍雷斯曼学校（Horace Mann）和河谷乡村学校（Riverdale Country School），率先要求 4 岁申请者必须递交 AABL 成绩，但好在大部分私立学校目前还不要求递交此成绩。

除了申请私立的这项新考试，每年纽约市大概有 2500 个孩子参加 Stanford–Binet IQ 测试，目的是为了报考最有名的亨特学院附小。家长要先在网上报名申请，然后学校会发一个邮件给家长，里面列有 6 名心理学家的联系方式，让家长们自己联系心理学家，预订考试时间，交纳考试费 350 美金，而且必须在报名后的三周之内完成考试。考试当天，家长领孩子去心理学家的办公室进行一对一测试，时间为 1 个小时左右，家长在外面等候。考试分为语言和非语言部分，语言部分需要孩子说话回答问题，非语言部分考拼图、数学和逻辑等。这个全英文考试对孩子的语言要求比较高，对双语或多语种孩子不太有利。考试时，孩子答题的难度慢慢增加，如果孩子简单的题答对了，就继续给同一类型更难的题，直到心理学家认为达到孩子最大潜力了才换下一个类型的题目。最后的成绩会与出生月份挂钩来调节，试图对该申请年度不同月份的孩子都公平。亨特招生委员会严格按照心理学家打的分数选出排名前300名孩子，对孩子进行面试。面试一共含5项内容，有的是小组活动，有的是个人活动，由15位老师和心理学家组成专家团来观察孩子，出具观察报告。最后，招生委员会根据专家团的报告，结合第一轮考试心理学家的评语，以及孩子在读幼儿园出具的学生报告，作出最终决定，录取号称纽约市最聪明的25名男生和25名女生，并列有12名候补者。纽约幼儿园都以自己的学生曾被亨特小学录取而大肆宣传，知名幼儿园如果当年没有学生被亨特小学录取，家长们会认为学校教学在此届出现了问题。

湾湾幼儿园前年有两个孩子进入亨特小学，今年又有一名被录取，园长为此感到特别荣耀，总把这事挂在嘴边。我好友怀孕时，孩子被我们幼儿园的婴儿班录取，孩子在肚子里就拿到了录取通知书，全家都很开心。等她在医院生产时，医生和护士问她孩子以后去哪家幼儿园？她回答了我们幼儿园的名字，他们立刻恭喜她说这个幼儿园很好，有进到亨特小学的。她刚当妈妈，听得一头雾水，马上问我："到底什么是亨特小学？"作为纽约妈妈，她在孩子出生的医院里就被扫盲了啦！湾湾班上的家长都很为亨特小学痴狂，考试前到处问询哪位心理学家更"仁慈"。有一位家长告诉我她选了其中最年轻的，她认为年轻人比较开明。我说网上好像查不到他们的年龄和照片啊！她说她晚上给每位心理学家打电话，听留言的声音就可以判断出来！听完我真是很佩服她的侦查能

第六章　申请纽约私立学校胜似高考

纽约最火热的公立亨特学院附小比哈佛还难进

亨特学院附小的学前班教室

力！纽约各大幼儿培训机构都有"推荐"和"不推荐"的亨特考试心理学家名单，供他们的客户家长参考，避免踩雷。另外，从今年身边的案例来看，大多数第一轮考过的孩子们都参加过培训机构的亨特考试补习班，所以这个考试是否能真正选出纽约最聪明的孩子还有待商榷。

为了确保孩子能进入好学校，我认识的很多纽约家长既让孩子考亨特小学的 Stanford-Binet IQ 测试，申请私立学校的 AABL 测试，还要考公立的天才考试。纽约的很多孩子在 4 岁时参加过三大考试，大部分孩子参加过 1 项考试。

想进私立学校？请家教吧

2013 年看到一则纽约新闻：富裕家长为了私立学校面试雇用玩伴顾问，帮助孩子玩得更好。

在纽约，一些富裕家庭开始雇佣玩伴顾问，以帮助孩子们提高社交能力来应对私立学校的面试。这些顾问帮孩子举办聚会，教孩子们以适当的方式与那些来自富有家庭的同龄孩子进行交往，使他们进入纽约精英私立学校的机会最大化。这种顾问的费用为每小时 400 美元。

这个新闻被翻译后也在国内网站上发布出来，很多朋友都觉得有些疯狂。当时我女儿才 1 岁，我对私立和公立完全没概念，但看完还是觉得有一定压力。

定居纽约后，我才知道这种顾问不是很普遍，但其他家教蔚然成风。

第六章 申请纽约私立学校胜似高考

> **NEW YORK POST**
>
> **Rich parents hire play-date consultants to help kids play better for private-school admissions**
>
> By Tara Palmeri
>
> July 19, 2013 | 4:00am
>
> It's pay to play — for kids!
>
> Posh Manhattan moms and dads are taking parental obsessiveness to new heights — by hiring $400-an-hour recreation "experts" to organize play dates for their children.
>
> These pricy pre-planned play times are monitored by instructors who teach them the proper way to socialize with their well-heeled peers in order to maximize their chances of getting into New York's elite private schools.
>
> "Some kids need a little bit more work" at learning how to play, said Suzanne Rheault, the CEO of one of the firms that organize play dates, called Aristotle Circle. "Sometimes [parents] hear from our experts that there are some areas to improve."

富裕家长为了私立学校面试雇佣玩伴顾问，帮助孩子玩得更好

补数学、补英语、补画画儿，很多补习和私立学校的面试挂钩。因为私立学校的面试需要孩子画一幅画，需要孩子写自己的名字，需要孩子回答一些问题，尤其要解释为什么。我朋友从哈佛商学院毕业，她告诉我她哈佛同学的女儿就被一所顶级私立学校录取了。面试的时候，孩子们被带进一个教室，教室里有四张桌子，每张桌子有五把椅子。老师问孩子们屋子里一共有多少把椅子？大部分孩子都一个个地数，她同学的女儿一看 4 乘以 5 等于 20，直接说 20 把椅子！有的私立学校会外聘心理学家参与面试，来分析孩子的性格并分析孩子画的画，真是超级用心啊！为了应对这些面试，纽约的家长们会请不同的家教为孩子进行补习。

前文提到过，2014 年以前，报考私立学校要参加 ERB 考试，造成很多家长给孩子报补习班。由于现在这个大范围考试被取消了，于是学校更加重视面试，所以家教就更加盛行。除了艺术、体育和语言家教，纽

约家长最愿意请数学家教，2岁就补起。对于数学，一是有的家长认为自己不懂数学启蒙，有的家长想弥补自己数学不好的遗憾，也有家长受到华尔街影响，认为数学很重要；二是美国越来越重视数学和科学学科，STEM（Science科学、Technology科技、Engineering工程、Mathematics数学）这个词现在美国特别流行。纽约也是美国最重视数学教育的城市之一。

在纽约的韩国虎妈们也是一道靓丽的风景线，她们把韩国的补习风气完全拷贝到纽约。这些虎妈们一般在孩子2岁时就开始请韩国老师给孩子补习韩国GABE天才培养教程。据说，这是从德国Froebel Philosophy衍生来的。这套系统貌似很厉害，足以应付纽约的三大考试。洋洋的韩国同学高分通过亨特学院附小的第一轮考试，并在AABL考试中获得了满分。其他两位韩国同学也在考试中频获高分。这套GABE教程只有韩国老师可以讲授，非韩语的虎妈们只能仰慕一下。

让家长紧张的面试

关于家长面试：大部分学校需要单独面试家长，要求家长双方一起参加。面试一般是30分钟，主要向家长询问有关孩子的问题。第一个问题往往是：请描述一下你的孩子。其他问题还有诸如：你孩子晚上一般都做些什么？孩子有哪些爱好？孩子有什么不足……有个妈妈回忆她印象最深的问题，面试那天是周一，她被问道："这个周末你们全家准备做什么？"这些问题的初衷都是想了解孩子的日常生活和家庭文化等。这类问题还包括你的孩子做家务吗？他（她）自己挑衣服穿吗？作为家长你觉得孩子最让你自豪的事情是什么？如果你偷窥孩子的屋子，他（她）一般在做什么？你从老师那里经常得到的反馈是什么？还有一类重要问题就是问家长为什么要报考这所学校？对孩子和学校的期望是什么？是否认同学校的教学理念？家长也要准备一些问题问学校，最经典的问题是：作为家长，我们如何参与到孩子们的学校活动或教学中来？这个问题间接传达了家长想参与学校活动的热情，很容易获得面试官的好感。我和孩子爸爸一共准备了40道家长面试题目，有的还真的要仔细琢磨，把握分寸。面试时，双方都要说话，面试的秘密武器是爸爸，如果爸爸回答得多，效果最好。

家长面试需要穿正装，爸爸必须穿西装、打领带，平时上班的妈妈建议穿职业装，全职在家的妈妈建议穿裙装。衣服穿着要得体，不能太抢镜，不能亮闪闪。我一位邻居孩子的幼儿园园长接到私立学校"投诉"，说他们一位学生的妈妈居然穿着裸肩露背装参加面试，学校十分反感。我的这位邻居为了面试特意花了1000多美元买了一套新西装。不过，纽约有几所学校取消了家长面试，他们觉得面试太浪费家长的时间，而改在参观学校的时候和家长见面，简单交流。另外，一些私立学校会上领英（LinkedIn）商务社交网站去查父母的资料。申请学校时，家长别忘记建立或更新自己的 LinkedIn。

关于孩子面试：学校给孩子面试起了一个很好听的名字"游戏小组"（playgroup），让家长和孩子都放松一些，有的叫"学校访问"（school visit）。一般来说，孩子面试是一组一组进行的，也有的学校要单独进行一对一面试，一般需要1~2个小时。在此期间，家长在学校大堂等候，学校安排参观或答疑活动，不允许陪同孩子面试。例如，一组6个孩子，大家在教室里就像上学一样，由老师指引和观察，让孩子们自己玩或互动。孩子们在里面做拼图、搭积木和乐高、看书、玩玩具；也会有大家在一起蹦跳，围坐一圈儿听老师讲故事。老师除了分析孩子们的性格，观察他们的身体协调能力，还会问孩子一些问题，除了一些简单问答，如姓名、住址、父母名字、幼儿园名字、是否有兄弟姐妹等；还愿意问孩子各种为什么。通过孩子的回答可以衡量孩子的思维水平和语言能力。湾湾在一次面试后告诉我，老师问她韵律了"cat？"她回答"hat"；还做了图案匹配练习。面试时，一般会让孩子画一幅画，写上自己的名字，测试孩子的画画和写字等精细动作能力。关于面试官，有的学校请自己的小学老师来担任，有的学校由招生办公室人员来主导，有的学校居然外聘心理学家过来坐镇，非常专业。面试前进到学校，招生主任会上前和孩子握手、打招呼，从中观察孩子的礼节和性格。进到面试教室前，会让孩子们自己选名牌贴在衣服上，看看孩子是否认识自己的名字。

孩子去面试时，家长都很紧张，因为家长无法掌控一个4岁孩子的行为举止和喜怒哀乐，事先灌输往往并不奏效，没准还适得其反。所以专家都建议不要培训孩子，让他们自然地展现自己。当然，分离焦虑的、不爱说话的、腼腆的孩子一般比较占劣势，很多孩子以号啕大哭草草结束了面试。

孩子面试小技巧

下面是我总结的带孩子参加面试的注意事项和宝贵经验。

- 提前 10~15 分钟到达学校。
- 面试开始之前，记得带孩子上厕所。
- 穿着一定要舒适。前一天晚上把孩子的衣服准备好。孩子不要求穿正装，建议穿稍微高级的衣服，但最重要的是舒服，否则会影响孩子的发挥。
- 不要戴首饰。据说有的女孩面试时总愿意摆弄自己的手镯或项链，会影响面试效果。
- 不要告诉孩子具体在里面应该怎么做，只需要提醒他们面带微笑，有礼貌，回答问题要注视老师的眼睛。一个男孩面试时认真地搭积木，越搭越高，老师很感兴趣就问他在做什么，他说："我也不知道，我妈妈让我进来搭一个超高的塔。"还有很多孩子告诉面试老师，如果他们好好表现，妈妈会给他们买礼物或吃冰激凌。
- 家长一定要放松或在孩子面前装作放松，不能把紧张情绪传递给孩子。
- 做好最坏准备。我带湾湾面试时碰到两个孩子大哭，最后放弃面试。孩子的情绪很难被控制，所以家长要做好他们随时失控的心理准备。有个男孩面试男子学校，进到面试教室就说："我不喜欢，我对男孩都看够了！"然后自己大步走出去，留下家长傻傻地站在那里，无地自容。我朋友的孩子参加一次重要的学校面试时不开心，哭闹，虽然艰难完成了，但很尴尬，结果我朋友带孩子走出学校大门后自己大哭了一场，发泄了心中的紧张和委屈。还有一个经典真实的故事，一个小女孩从 Dalton 学校面试后特别沮丧，妈妈赶紧问怎么了，她说："你骗我，你说我去海豚（Dolphin）学校，可我连一个海豚也没见到！"
- 如果孩子生病或身体不舒服建议紧急取消面试，另约时间。面试时，学校经常会给孩子发零食，如果孩子有过敏史，一定要事先告诉学校。

去年我女儿湾湾申请学前班，由于精力有限，我决定只报 6 所学校。湾湾完成了 6 次面试，没哭没闹，十分配合。之前，我给她看了一个某专家写的演示文件 PPT，让她理解什么是面试，为什么要参加面试，家长在外面做什么；我还给她买了两本书，里面讲述 5 岁就要离开幼儿园上小学了。4 岁的她貌似已经理解，面试之前还对我说："妈妈，我要努力上个好学校！"我帮她准备了一些问题，如最喜欢什么书，为什么？在幼儿园最喜欢哪些活动？最喜欢哪个动物，为什么？喜欢弟弟吗，为什么？也帮她练习写字、画画、单腿蹦等。她每次面试虽然有些羞涩，但还算比较从容。最后还按照自己面试的感受把 6 所学校排序，并明确地告诉我她的喜好。记得有次面试结束后，她拿着一袋饼干开心地跑到我面前。我问她："老师给你发饼干时你说谢谢了吗？"没想到她从容地回答："妈妈我忘记了，下次我会说！"真是搞得我哭笑不得。我觉得整个申请过程虽然令人厌烦，但确实很锻炼孩子。参加面试的那两个月，湾湾进步非常明显，一下子长大了。都说纽约孩子成熟，也许就是这样千锤百炼造就的。

另外，孩子面试并非一锤定音，在申请季的后期（往往在 1 月份），很多私立学校会派专员去各幼儿园教室进行观察，一般观察 30~60 分钟，看看申请者平日里在课堂的表现。有的孩子面试时突发表现不好或者过于羞涩，幼儿园园长往往会与学校沟通，让他们派人来看孩子，再给孩

第六章　申请纽约私立学校胜似高考

```
CONFIDENTIAL APPLICANT SITE VISIT
School Name:_____
Name of Child:              | Completed by:     | Date:
           SAMPLE OF 1 SCHOOL'S ONSITE CHECKLIST

Anything unusual about the classroom setting?   Child's energy level: high  low  normal
Yes  No. Please describe:

Personality:                              Speech development:
poised       cautious    sense of humor   clear speech    babbles       speaks in full sentences
independent  sullen      stubborn         stuttered       stumbled      responds to direct questions
willful      talkative                    no speech       phrases       proper syntax
inhibited    quiet       friendly         single words                  age appropriate vocabulary
shy          positive    outgoing
serious      determined  self-confident
                         negative

Focus:                                    Fine Motor Control:
concentrates on activity                  works carefully     average/age appropriate
flits from one activity to another        holds pencil / scissors correctly / in fist grip
makes eye contact                         uses both hands in manipulative exercises
responds to story  verbally / with actions needs lots of support and development

Attention span during activity observed:  Problem solving:
attentive  /  restless                    persistent           scattered behavior
followed discussion  /  distracted        works to completion  needs support
interrupts  /  waits turn                 tries other solutions gives up easily
spoke out  /  needed coaxing                                   becomes anxious
good listening skills

Interaction with peers:                   Follows directions:
plays parallel to peers    joins in with group    all / some / did not / follows routines
activity
sensitive                  initiator of interaction  What activity was going on during your visit to this
loner                      co-operative              classroom? _____
refuses to share           shares willingly
timid                      aggressive / bully        Did you see any samples of the student's work exhibited?
oblivious                  generous / kind           Yes / No
apathetic                  curious                   Comments:

Any comments to you from the Nursery School  Were they?
Director or classroom teacher(s)?            a leader     outgoing    a follower    immature
                                             attentive    pleasant    a wiggler     impossible
                                             comfortable  reflective  anxious       loud
                                             co-operative responsive  bossy         quiet
                                             curious      willing     critical      resistant
                                             eccentric                demanding     reluctant
                                             gentle                   dependent     restless
                                             good listener            distracted    tired
                                             imaginative              fidgety       whining
                                             mature                   grim
                                             original                 impatient

Additional comments:

Based on your observations during this visit, is it your opinion that the applicant is a good match for The
School?   Yes / No / would benefit from another year

                                                                          11/3/2008 3:00 PM
```

纽约某私立学校对孩子面试的考察表

子一个机会。有一所顶级私立学校要到幼儿园观察所有的申请者，有的只观察他们喜欢但不太确定、模棱两可的孩子，有的学校不会观察。申请时，家长们要对学校是否来访有所把握。总之，多一个机会就多一分希望。我们申请的 6 所学校中有 3 所到幼儿园观察湾湾了，幼儿园园长之前通知了我们学校来访的时间,让孩子在前一天睡好、早饭吃好、注意着装,帮助孩子调整到最佳状态。当天我们也是很紧张,不知道孩子表现怎么样,觉得怎么申请过程如此漫长、严格、没完没了,非常无奈。到 1 月份时,家长们的心情都是:要或不要,赶快告诉我们结果吧,别再折磨我们啦!

申请咨询师日进斗金

除了家教,纽约还有一个特色是儿童咨询师特别多,我听过比较奇特的有婴儿睡整觉咨询师(sleep training consultant)、缓解与家长分离焦虑咨询师(separation consultant)、课外班咨询师(afterschool consultant 指导家长如何选择课外班)……看来美国人特别喜欢外包服务。

私立学校申请咨询师更是遍地开花。我一位朋友的儿子在美国报考大学前请了一位咨询师,请了以后才知道请晚了。原来很多同学从初中就开始请了,父母及早和咨询师沟通对孩子升学的期望,咨询师会为孩子的选课、业余爱好和寒暑假进行规划,这是一项长期的准备工作。到了纽约,我才知道初中请咨询师早已晚矣,很多家长在申请幼儿园时就请了。我一位朋友的上司花了 5000 美元请了一位咨询师帮助孩子进入了指定的一个高级幼儿园。纽约幼升小竞争如此激烈,请申请咨询师已然司空见惯。

纽约的咨询师提供全包服务,包括了解家庭、了解孩子,建议申请哪几所学校,修改申请文章,指导面试,全过程监控等。也有按小时收费的，按学校数量收费的，按文章收费的……比较灵活。价格在几百到几千美元不等，全包服务大概需要 5000~8000 美元。大部分咨询师以前在私立学校招生办公室工作过，后来自己创业，其资历比较让人信服。

如果父母是第一代移民，在写文章上肯定没有美国人写得好，也不太懂学校喜欢看什么样的文章，建议请咨询师或美国朋友进行修改。我请了一位咨询师，主要帮我改文章，改完后读起来语句确实更加流畅了。让我记忆最深刻的是，文章要求写孩子的优缺点，我用了一小段写了孩子的缺点，还问她是不是写得太少？她直接将我写的全部划掉，说："千万不要写进去，记住只写优点！"这就是私立申请的小内幕吗？

若想让孩子进私立学校，你必须成为虎妈

我给女儿申请的某所私立学校举办过一次与校长见面对话的活动。一位时髦的白人妈妈给我留下了深刻的印象。学校给我们准备了一圈椅子，每人坐一张椅子面对校长，而她占两个，因为她的爱马仕 Birkin 包包也要占一个。她的坐姿也比较嚣张，穿着香奈尔的大靴子，戴着一堆名牌首饰，时不时还举手发言。我每次瞥见她和她的那两张椅子都特别想笑，太滑稽了。活动结束后，她拿一本杂志跑到校长面前翻开一页，我一瞥是她和她女儿的照片和专访，说这是她女儿第一次上杂志（言外之意，她已经上过很多次），然后让校长在杂志照片的小小空白处签名，说她女儿肯定会很开心；又说她女儿现在还会说法语和中文……为了被录取，虎妈真是使出了浑身解数。

我曾和一个私立学校主任交流，他说他进这所学校后被接受面试的第一个家长震撼到了。这所学校是从3岁入学到高中毕业，他面试的是一个申请3岁班的妈妈。那位妈妈见到他就迫不及待地开始提问，第一个问题让他终生难忘："请问你们学校的高中毕业生从大学本科毕业后百分之多少上了医学院？"听完后，我也感到吃惊，这位妈妈绝对是超级虎妈啊！

我还认识一位华人妈妈，她儿子在上海读二年级，要转到美国读书。由于孩子没有绿卡等身份，所以必须申请私立学校拿学生签证。她派了一个助理把纽约所有的私立学校都申请了一遍，有5个学校通知她有空余名额（纽约人才流动性比较大，很多家长因工作调动，孩子也必须随家长离开纽约），但要求孩子参加ERB考试。考试后，她儿子被三所学校录取。我都听呆了，真是对她无比佩服，这虎妈太有能量了！

还有一个虎爸的案例。他是我朋友的老板，曾经在纽约工作，后来自己归国为祖国效力，但他太太和孩子们还在纽约生活。他的两个儿子都在某著名的男子私立学校就读。当年老大申请小学时，他在纽约亲力亲为。他每次参观学校都带着笔和小本，一边参观一边记录，抽空就询问在校学生，并把回答问题的孩子名字也记下来。当他开始写申请文章的时候，就翻出本子，有的放矢地描述这所学校的某个孩子多么让他印象深刻，以说明学校教学多么得法。这种文章学校一般比较喜欢，既赞扬得比较具体，也体现出了家长的用心。

一家申请咨询公司的总裁在接受采访时，说她遇到几个4岁的申请者都是前美国总统克林顿写的推荐信。她还有一个客户给孩子申请天主教私立学校，居然委托教皇（Pope）写了推荐信。他们家对申请之事特别紧张，只许成功不能失败。有一所学校的招生办公室主任在接受采访时说了一件趣事：她曾经收到过前美国首席大法官威廉·伦奎斯特（William Rehnquist）给一位申请者写的推荐信，信里写他预见到这个4岁女孩儿将来能成为美国大法官。可是那时威廉·伦奎斯特已经病重在床，不可能有能力写信，她觉得这简直太荒谬了！这也看出纽约家长们能量之大。纽约私立学校里很多家长都是著名的企业家、社交家、顶级艺术家、顶级音乐家、各种明星、主持人、各国皇室成员、大品牌继承人等。前几年，纽约私校录取系统改革，基本取消了推荐信这个环节。

申请私立学校还有一个现象，就是超龄孩子很多。纽约的私立学校和国内一样，将孩子的生日严格卡在9月1日。在录取上，他们喜欢招秋冬季出生的孩子，生日在9月至次年3月的孩子很有竞争优势。由于男孩比较晚熟，6~8月份出生的男孩基本不会被录取，所以很多家长都把夏天出生的孩子延后一年申请，毕竟差半岁到1岁孩子在各方面能力和成熟度都相差不少。湾湾是6月底出生，我带她去面试时发现好几个孩子都高她一头，吓我一跳。一问才知道，这些孩子都比她大8~12个月，感觉很不公平，但如果站在学校的立场上还是可以理解的。听说很多纽约妈妈避免在10~12月份怀孕（预产期在6~8月），怕孩子进不去私立学校！还有一位妈妈申请一所顶级私立学校失败，接到了学校认为孩子的年龄和成熟度不够，建议明年再申请的信函（too young letter），但女儿被一所口碑很好的二流女子私立学校录取，并且在里面读得很开心，全家对这所学校也很满意。然而，这位虎妈揪心了一年，总觉得不甘心，没进名校脸面无光，第二年真的重新申请，重新面试，孩子延后一年果真被录取了，但她女儿比其他同学大一岁。这是否值得，值得深思。有一位韩国虎妈，她女儿7月出生，她去年只报了3所顶级女校。她的算盘是如果没被录取，就直接再读一年幼儿园，今年继续申请。刚刚2月份发榜没拿到任何录取通知，她女儿只能继续读幼儿园，因为妈妈的目标是必须进顶级女校！

在纽约，9~12月是孩子们出生的黄金月份，因为纽约公立学校生日卡在1月1日，也就是说，在9~12月出生的孩子如果上公立可以提早一年，所以可以先参加一系列的公立学校考试。如果被好学校录取，就上公立学校；如果考试成绩不佳，可以来年再报考私立学校。孩子生日偏大申请私立还占优势，所以这一区间被称为"黄金出生日期"。很多纽约家长就利用这个生日时间差让孩子什么都考，有的已经上了公立学校学前班，还重新申请私立学校学前班，其竞争力肯定比在幼儿园的孩子强很多，这就是纽约特色！

纽约的孩子到底累不累

申请季太忙，我经常就玩消失，很多朋友问我："你最近忙什么呢？"这个问题经常会打开我的泪闸，向朋友倾诉我满肚子的苦水，并抱怨纽约教育的残酷。最后，几乎所有朋友都会感慨："太疯狂了！纽约孩子好累啊！"

我有时认真地观察我女儿，想想她到底累不累？答案是——我累，她不累。她确实比外州同龄孩子多上了很多课，超前学习了一些知识，但我们都没有强压给她，她不乐意学就停下。美国这边家教和课外班也都是快乐教育，孩子们很喜欢。有一次，湾湾英语家教生病了，给我发短信说不能来了。湾湾很失望，总问我老师病好了没？经常听到纽约的朋友传来的信息，下大雪停课孩子哇哇大哭，因为孩子就想上学；孩子生病大哭，因为不能上学。湾湾倒是没有这么严重恋学，但她也非常喜欢上学、上课。就连让人厌恶的面试准备，湾湾也不排斥，积极练习我准备的各种问题。她每次面试完都乐呵呵地跑出来拥抱我，说新老师对她很好，她喜欢这所新学校。我碰到孩子经常会问他们："喜欢上学吗？"在美国，我问过的孩子都说喜欢上学，无一例外；而在中国，说喜欢上学的孩子占少数。

我一直认为，快乐与压力、快乐与学习不一定冲突。如果教学方法得当，孩子们不会觉得辛苦。如果孩子们喜欢做某件事情，再苦再累他们也会乐在其中。让孩子快乐，并不意味着不给他们压力或困难。我叔叔的女儿在纽约读著名的帕森设计学院（Parsons School of Design），学服装设计。她的课程很重，天天熬夜设计、画图、制作。这位叔叔心疼女儿，就找女儿谈话："你太辛苦了，要不咱退学吧！"结果这位小姑娘说："爸爸，如果你让我退学，就杀了我吧，我就喜欢设计，我很享受。"还有一位朋友的儿子在美国当医生，在美国读医科要多读好多年，特别辛苦。她也找儿子谈话商量辍学的事，但儿子坚决不同意，说自己就是喜欢当医生，一上手术台就兴奋，不觉得累。

然而，在纽约当家长确实不轻松。当班级妈妈，参与学校各种义务活动，为孩子抢各种炙手的课外班，为孩子举办各种爬梯，安排各种同学聚会，累死累活地为孩子申请小学，去参加面试……孩子大一点，周末还要陪孩子参加各种体育比赛，在赛场上当志愿者……很多名牌大学毕业的家长，为了孩子以后也能进入该大学学习，在孩子出生后，每年都要为母校捐款、做义工（例如当校友面试官），保持和学校良好的关系。我曾想给湾湾报名 Suzuki 方法学小提琴，学校要求父母先上 5 节课。孩子上课后，家长还有大量的"作业"，我一听打了退堂鼓，选择报了集体钢琴班（group piano）。结果这也要求家长先到琴房上课，一人一台钢琴，老师手把手教家长。我时常感慨自己的苦命模式：在中国当学生，在美国当家长！

申请私立学校，虎妈也都累趴下

先讲两个真实的笑话。

第一个笑话有关于马虎。前面提到申请私立学校要写文章，大部分私立学校都要求两篇以上。其中一个问题比较普遍，就是让家长描述孩子的优缺点。这篇写完基本可以发给其他学校，但里面需要进行一些修改。例如，根据学校的特点对孩子的描述有不同的侧重，再有就是必须更改文章里提到的学校名称。很多家长申请学校太多，而忙昏了头，直接拷贝粘贴发送，连学校名字都忘记更改。招生办说他们每年都会接到一些文章，里面疯狂赞扬其他某所学校如何如何好，他们多么想被那所学校录取，年年如此。以前，在没开通网上申请的时候，学校还经常会接到一包材料，打开一看，是申请另一所学校的，他们感到很无奈。

第二个是发生在朋友身上的真实笑话。她女儿申请了几所私立学校，其中被两所顶级女子学校排在候补名单上，她因此非常紧张。一般接到候补通知后，家长要马上打电话给学校表决心。她也迫不及待地打电话给学校，结果把电话号码弄反了。她对 A 学校说他们特别喜欢 B 学校，如果有空位一定会上；对 B 学校说他们觉得 A 学校最适合他们，特别想入学。结果可想而知，她发现后痛哭一场。听完以后，我虽然替她惋惜，但确实觉得有点可笑。最近，当我经历了整个申请过程后，才理解了家长们都已是强弩之末，脑子都糊涂啦！

我在一次宣讲会上坐在一位美丽的妈妈旁边，她长得美，打扮入时、气质高贵，我们去的早就聊了一会儿。她说她为孩子申请了 14 所私立学校外加公立亨特小学。我问她申请的学校在上东、上西还是下城？她说都有。我当时就表示佩服，这是为了孩子上学而孟母三迁，或为孩子请私人司机的妈妈。然后，我又问她这所学校学前班招几个人啊，她说不知道。因为她申请了 14 所学校，已经完全迷糊了。

我在纽约的前邻居是个真虎妈，我是"纸老虎"，属于行为比较热情但态度不太端正的，认为上不去私立学校就上公立学校。真虎妈是坚决不上公立学校，一定要去顶级私立学校；没有那么富裕，但创造条件也一定要供孩子上的那种。这位在纽约长岛长大的白人妈妈在 2015 年给 4 岁的女儿申请了 8 所私立学校，其中 6 所是一流学校。12 月份时，她给我发邮件抱怨没想到申请过程如此费时、费精力，远远超乎了她的想象，她已经筋疲力尽了。圣诞节时，我到她家拜访，她拿出了厚厚一摞的申请材料，还有一厚摞的准备材料，里面包括家长面试准备的问题，孩子面试准备的问题，写过的各种感谢信复印件，还有一份神奇的材料，教孩子应对面试时如何画画，认真程度绝非一般。可惜，她最后只接到一所二流私立学校的录取信,她的女儿被列在一所顶级女校的候补队伍中,但最终没有收到补录通知。发榜后,她发邮件告诉我这个"噩耗"。她说她没有意识到竞争会如此激烈,全家都非常失望。字里行间,我的直觉告诉我,她肯定大哭过一场。

我去年给 4 岁的湾湾报了 6 所私立学校。在她 3 岁的时候,我就开始上网研究,然后到各学校拿资料、参加宣讲会、参观学校,并与有经验的家长们交流。其实,在秋天申请季前,我已经定好申请哪几所学校了。第一步说得容易,其实最耗精力和时间,之前上网研究和联系就要一个多月。参观一所学校要半天时间,我大概参观了 20 多所。最终,选定了 6 所,数量相对较少。本以为秋天申请的时候我就可以轻松了,可事实是就这 6 所也把我折腾得神经衰弱。首先写文章,申请 6 所学校一共要撰写 20 篇文章。我熬夜用了一周的时间终于写完了,最后真的写迷糊了,分不清哪个理念是哪所学校的。文章中比较通用的一篇是描述孩子的优缺点,不能泛泛而谈,要写具体的故事,要有理有据,让招生老师看完印象深刻。如果能把他们看笑或是看哭,就是最大的成功。我以前给自己申请硕士学校时写过类似的文章,但那时我已经 20 多岁了,而现在描述一个 4 岁多孩子却完全不知从何下笔,憋了我很久。其他的文章题目也让我头疼。例如,你孩子在哪些方面最自信,或最不自信?你认为最适合你孩子的学习环境是什么?你为什么认为你的孩子适合我们学校?从你们的教育背景分析你们想让孩子重复经历哪些,不重复经历哪些?我们学校的哪些特点是你们最看重的?你孩子的爱好是什么?作为家长,你们怎么支持?如果不从外表区分,外人怎么一眼就能分辨出是你的孩子?什么事情会让你的孩子沮丧,你怎么应对……

第六章 申请纽约私立学校胜似高考

我好不容易写完了这些既不会让人哭、也不会让人笑的文章后,先请咨询师修改了一遍,又请幼儿园园长审阅后再修改了一遍,最后文章看上去还不错,然后上网填申请表。冗长的表格上恨不得连家长出生的医院都问了,我不得不打电话问孩子爸爸他曾经就读的小学、初中学校的名称。接着就是等待,收到通知去参观学校,带孩子去面试,并参加家长面试。各学校排期经常冲突,还得打电话更改协调,做 Excel 表格进行项目时间管理。每晚要抽出一个小时和孩子一起准备面试内容,还要对孩子进行心理建设。记得湾湾第一次面试前,我紧张得不行,比自己面试还忐忑。怕她生病,怕她不高兴大哭,怕她太害羞,怕她英语说不好,怕她乱画画……还要对她不停地讲要大大方方,要有礼貌,积极回答问题,好好画画,妈妈就在外面等着你。好在她表现不错,被领走时还笑着和我挥手。家长面试前,我和孩子爸爸一共准备了 40 道题,每晚探讨如何回答这些问题,由谁来回答。有时我们走在路上,抽空还要对对词。大冬天面试,我穿着裙子、丝袜和高跟鞋,冻得哆哆嗦嗦。面试完,赶紧回家写感谢信。一封信也得琢磨半个小时如何更艺术性地奉承和感谢。待所有面试都结束后,还要和幼儿园园长开会沟通,定下最中意的三所学校,并请园长写学生情况报告直接发给学校。从 9 月末到来年 1 月末,为孩子申请学校这份工作几乎占满了我的生活,而且搞得我紧张失眠,身心俱疲,任何事情都要为面试让路。这个过程对纽约白人虎妈都是挑战,对我们这种第一代移民就更是折磨!

我的高中同学目前在美国首都华盛顿工作,之前,她还笑话我们纽约家长太疯狂了,说纽约在另外一个星球。有一天,她和老公忽然决定也要给孩子申请私立学校。结果研究一番后她发现华盛顿也好不到哪里去，每所学校都要测智商，也要面试。去年，她成功申请到了一所知名小学，除了紧张，她也觉得疲惫不堪。华盛顿私立小学一年学费3万多美元，加州私立学校有的2万多美元，有的3万多美元。只有纽约私立学校最贵，也最难进！

好在前几个月我没有白辛苦一场，今年2月湾湾拿到了4所学校的录取信，剩下2所她被列在候补名单上。最终我们决定去那所具有200多年历史的K-12名校，全家都很满意。有朋友咨询我到底这些私立学校的录取原则是什么？现在回过头看，我觉得当然最重要的是看孩子，这由家长写的描述孩子的文章，孩子面试的表现，幼儿园出具的学生情况报告，以及招生办派人到幼儿园实地观察这几方面共同决定。其次学校比较看重家庭，例如父母的学历和工作，申请时写的文章是否认真、有文采，家庭的教育理念，家长面试的表现，以及幼儿园报告里阐述的家长在幼儿园的参与程度等。但是如果这些不算出类拔萃，还得靠"关系"，这在上文已经提及。例如我们到发榜前一周才知道我们申报的一所学校和我们幼儿园关系很不好，据说是多年前因上一任园长而起，这届园长试图改变，但依然没有起色，果真我们也没拿到录取信。往往这些信息我们家长到最后才被告知。据说有些纽约家长在发榜前最后一周开始发力，如果从初步反馈得知孩子被列在候补名单，就托人捐款或拼命找关系，试图力挽狂澜。当然申请学校都离不开运气，上一章提到的最后录取时平衡与多元化机制就直接肯定了运气的成分。例如某年如果亚裔申请者特别多，就不得不窝里斗；没准某年没有亚裔申请者，来一个就可以被录取。例如去年纽约有所私立学校发生了一件奇怪的事情，申请弟妹优先录取的都是在校学生的弟弟们，这批全是男孩，结果导致外来男孩申请者几乎全军覆没。

最后我要强调一点，不管是申请美国小学、高中、大学或是研究院，因为申请者众多，优秀人才也众多，录取标准又以定性而非考试成绩为主时，申请者一定要通过各种方式努力给学校招生办留下深刻的印象。例如写的申请文章特别打动人，或面试时言语非常睿智幽默，或申请材料耳目一新，或爱好特长出类拔萃。我开玩笑说这次申请中湾湾的发型比较成功，打破了传统亚裔女孩儿的发式，每次面试时都被招生办问及和赞扬，这也是一种简单吸引眼球的方式。记住，学校在寻找不平庸的学生，在寻找特别的学生，让自己变得与众不同就成功了一半！

第七章　二胎时代，两娃虎妈

　　大部分有孩子的纽约家庭都是两娃家庭，小部分是三娃或多娃家庭。在美国其他州大概一半家庭有三个或三个以上的孩子，而如果在纽约曼哈顿带三个孩子出门那是超级拉风，因为这说明你家里有钱、房间大，在寸土寸金的公寓里养三个孩子不容易，大家都会向你投来佩服和羡慕的目光。纽约养娃的生活成本几乎是外州的一倍，这还不算高昂的幼儿园和私立学校的学费。如果三个孩子都去私立学校上学，那是绝对的金领或富豪。因此，在纽约流传这样一种说法：孩子多少，是财富的终极标志，是众多身份的一种象征。根据一份美国政府的最新报告，平均而言，一个纽约的孩子从出生到 18 岁，至少需要 54 万美元，其中包括住房、食物、健康和基本教育等花销。我在游乐场碰到过一个美国妈妈，她坦然不想要二胎，因为太耗费精力和金钱，而主动计划生育。

第七章　二胎时代，两娃虎妈

拥有两娃的虎妈对哪个娃更虎

中国经历了几十年的独生子女时代，家长没有选择只能尽全力培养家里唯一的"希望"。随着二胎政策的放开，很多朋友都对如何教育两个孩子十分迷惘。

我生完二胎后，经常向美国朋友们讨教两娃的养育经验。调查下来，大部分家长还是对老大更虎、更重视。父母对老大成长的认真及重视程度与对老二相比能高几个等级。从生活上，家长们普遍反映给老大购买的东西太多、太贵、太精细、太花哨，很多都留着预备给老二用，但最终发现由于老二被散养，一些东西如学步带、辅食机、各种学饮杯等等老二基本没用过，就瞬间长大。在教育上，很多认真的父母都坦言：小时候每天给老大念书，讲故事，进行各种训练；到老二就几乎没讲过，没教过。我自己也是这样。生活上当初每天给湾湾的玩具用品等进行消毒，轮到老二晃晃一次也没消过毒。我给湾湾报了右脑开发的早教班，就算再烦再累我都要每天给她做闪卡练习。到晃晃一岁的时候，孩子爸爸突然问我："你怎么不给弟弟闪卡了呢？"我说我都忘了，闪卡放在哪儿都不记得了！湾湾三个月以后，我恨不得每天给她念书，她不愿意听也念，还总放音乐，反正想尽办法开发她。而到弟弟一岁生日时，我才意识到我连一本书都没给他念过，小兔子音乐播放器都落灰了，我顿时倍感自责。

分析对老大重视的原因，一是因为有精力，开始就一个孩子，满脑子都是他（她）。生完老二，精力不足就真的没有能力做到两全其美。二是因为有惯性，对老大养成了读书、教育的习惯，会一直延续，而自然忽略了对老二的教育。朋友对我说她习惯性抓老大学习，其实老大学习很好，但这种"习惯"改不了了。三是第一胎时做什么事情都过于认真，战战兢兢，而经历过了也就想开了，就这么回事，没什么大不了，到了老二就让他自然生长了。一般都是给老大报很多早教班、兴趣班，老二上的课也明显少于老大。四是很多家长让老大管老二，直接放权。五是大家普遍反映老二更会讨家长们开心，俗话说会来事儿，所以家长们自然就对他们少操心。

第一次当父母是探索期，越不懂就越重视，还愿意将自己的孩子和同龄孩子比较。孩子爬晚了担心，走晚了上火，长牙晚了恨不得看医生，说话晚了怀疑是自闭症……到了孩子3岁以后，发现孩子发育早晚没什么本质区别，都会爬、会走、会说话，进入趋同阶段。这时，父母就会觉得前几年都是庸人自扰。所以到了老二真的就放下了，不再紧张和纠结，不再照本宣科，不再追求完美。家长们在育儿上慢慢地从必然王国走向了自然王国。

很多美国华人生三个孩子，有个妈妈做讲座时谈起她当年对老大多么上心，教中文、教数学，而老大总达不到她的期望，她又多么伤心。后来生了老三就纯放养，什么都不教，结果老大、老二找她谈话说："妈妈，你教教妹妹吧，否则她就成笨蛋了。"她对老大说："你3岁我就不停地教你，也教不会，有什么用？"现实是老三反而钢琴、跳舞、功课样样精通。

美国夏令营分日营（走读）和住宿营。住宿营一般最小年龄要求为 7 岁。在从几岁开始参加住宿夏令营这个问题上，我采访过几个美国大学生。我发现如果孩子是家里的老大，那么第一次参加住宿营一般都在 10 岁以上；但大部分老二、老三等 7 岁就去了。因为哥哥姐姐对他们说夏令营有多好玩，他们很期待，而且家长们也乐于放手。在国内，我也采访过很多独生子女家长，大部分人都说孩子 7 岁太小，不舍得、也不放心让他们离家住宿几周。从这也可以看出，老二的生存环境更有利于他们去独立生活、冒险探索。

很多二胎家庭反映老二更聪明。我家弟弟也是特别成熟，没教就什么都懂。我观察下来，一是老二有榜样，老大就是他们最好的老师。而老大的老师其实是我们家长，能力差距比较大，但老二与小老师的差距很小。弟弟妹妹觉得通过努力可以模仿学习姐姐哥哥，这样引发的内在驱动力会更强；二是超前教育，老二和老大一起看电视、玩游戏，其实都是超出了老二年龄段的东西。我一位朋友家的老二国际象棋下得特别好，在初中就已经成为美国国际象棋国家大师，因为他从小看哥哥下，启蒙很早，特别期盼学下棋。但很多家庭反映还是老大更喜欢读书，这可能与从小父母重视老大阅读有关。三是家长经常批评老大，对老大要求高，老二自然就会卖乖，投家长所好，讨家长欢心，这也是生存法则吧！

老大现象

美国作为一个多胎社会，一直以来教育界和媒体都强调所谓的"老大现象"（big brother/sister effect），即长大后老大会更有出息。硅谷第一女人，Facebook 的首席运营官，也是《向前一步》的作者谢丽尔·桑德伯格，是这一现象的代表人物。据说她在弟弟妹妹还在地上爬的时候，就已经开始领导他们了，给他们分配工作和任务，对他们有时候颐指气使，有时候关爱有加，5 岁时就形成了这套软硬兼施的领导风格。如今已是亿万富翁、大众偶像的桑德伯格成长于佛罗里达州的公立学校，本科和商学院都在哈佛大学就读。毕业后，她先后就职于麦肯锡、美国商业部、Google 和 Facebook。她的弟弟和妹妹也都就读名校，现在一个是有名的外科医生，另一个是成功的儿科医生。

另一个典型的案例是号称"美国第一华人家庭"，美国前劳工部部长、现任交通部部长赵小兰之家。"赵氏六朵金花"均毕业于常春藤院校，长女赵小兰毕业于哈佛大学，是美国首位华裔部长，从而改写了全球华人和亚裔在美国政治上的历史地位；次女赵小琴取得威廉玛丽学院硕士学位，在美国一家大公司担任主管；三女赵小美取得哈佛大学商学院硕士，曾任纽约州消费者保护厅厅长；四女赵小甫是哥伦比亚大学法学博士，曾任美国通用电气高级副总裁；五女赵小婷先后取得哈佛大学商学院硕士和哥伦比亚大学教育博士学位；小女儿赵安吉取得哈佛大学商学院 MBA 学位，现为福茂集团副董事长。

当然，这个"老大现象"也有很多反例。桑德伯格的老板、脸书（Facebook）创始人扎克伯格是家里第二个孩子，他上有 1 个姐姐、下有 2 个妹妹。照美国的流行说法，排行中间的孩子（middle child），通常是 IQ 最低，最不成功，这显然在他身上失灵。英国前外相 David Miliband 也是老大，就亲眼看着自己的弟弟硬生生地把工党领袖的职位从自己手里抢走了，后来弟弟在英国政坛上的风头远盖过了哥哥。Jamie Murray 曾经在网坛崭露头角，直到自己的小弟 Andy Murray 腾空而出，水平远远超过了他。有些家长进行检讨，对老大抓得太紧，结果适得其反；老大的失败让父母反省，对老二、老三管得比较松，从责骂转为鼓励，反而成就了弟弟妹妹。

不管案例怎样，家里老大学习好还是比较关键，具有榜样作用。很多父母说把老大带好了，老二、老三也错不了。老大往往比较勇敢，具有开拓精神，情商比较高。最近研究结果显示（University of Essex，2015），一个家庭里老大的努力可以帮助弟弟妹妹们明显地提高学业成绩。如果孩子们在同一所学校上学，效果会更加突出。有些教育界人士甚至认为，老大的作用可以同父母和老师的影响抗衡。所以就不奇怪，欧美家长为何对老大的教育有如此高的重视程度。瑞典最近做过一个调研确认，在多胎家庭里，老大接受更多更高的教育，收入也相对更高。

纽约二胎虎妈

环顾我身边的纽约虎妈们，确实印证了上面的很多说法。但是各种虎妈们在对待头胎和二胎的教育上也各有自己的"特色"。

我的好友 T 有两个女儿，相差不到两岁，但是她原则性地不让老二穿老大的旧衣服，直接把老大的衣服送朋友或者捐献出去。她只要给老大买新衣服，就要给老二买一件一模一样小一号的。两姐妹经常穿得和双胞胎一样招摇过市。T 自己也排行老二，她说她从来没有妒忌过姐姐，也没有过自卑感，因为从小她妈妈也是这样给她们姐妹买衣物的，所以她从没觉得自己因为是老二而缺过什么。相反，她儿时的一些朋友，因为是老二，所以总觉得自己的东西不是二手货（second hand），就是第二选择（second choice），导致老二缺乏自信甚至偷偷地怨恨姐姐。她坚决不要自己的二女儿有这样的童年。

我的法国女友 G 有两个相差三岁的儿子。她的二胎原则与衣服或者玩具等物质类无关，而是时间。她和老公每星期不管多忙都要和两个儿子各自有一个"一对一的特殊时光"（one-on-one special time）。比如，大儿子喜欢音乐和艺术，夏天的每个周五她都会早下班带着大儿子去林肯中心的露天广场听免费音乐会。小儿子喜欢运动，每个周日她不管有多少家务，都要腾出一个小时和小儿子在河边骑自行车。有了两个孩子后，时间会显得越发稀少，但 G 认为让孩子们有和爸爸妈妈独处的时间很重要，而且要高质量地陪伴，做孩子想做的事情，而不是拖着孩子去超市买东西。她要让儿子们感受到哪怕他们有 10 个兄弟姐妹，自己在爸爸妈妈的心中依然是独一无二的。

我的导师（mentor）R 快 60 岁了，培养出了两个美丽而杰出的女儿，她们先后就读于哥伦比亚大学和牛津大学，目前都在伦敦发展，一个从事媒体，一个做金融。两个女孩都是 20 岁出头，单身，在伦敦合租了一间公寓，互相照顾。我的导师对我说，他人生中最大的骄傲不是他的博士学位或者成功的事业，而是他的两个女儿。他说他并不只因为女儿们的学业或工作优异而骄傲，其实令他最有成就感的是他把两个女儿培养成了最好的朋友。只要她们俩相亲相爱，互相帮助，他觉得他就是最幸福的父亲。我问他有什么秘诀时，他说："第一是公平。绝对的公平有时候父母很难做到，但一定要坚持再坚持。第二是旅行。"他还说在他自己的事业还没有起步的时候，钱不多，他们比较省吃俭用，但只要有点儿积蓄，就会花在全家旅行上。先是在美国东海岸转，然后全美国跑，最后满世界飞。旅行让他的女儿们开拓了眼界和胸怀，增强了她们面对新环境的适应能力和解决问题的能力。更重要的是，在旅行中，姐妹俩分享的这些独特的经历和建立的感情是其他任何方式都无法替代的。

弟妹派位优先权

国外父母比较重视老大的另一个原因是"弟妹派位优先政策"（sibling priority）。无论公立学校还是私立学校，如果哥哥或姐姐在一所学校就读，那么学校会优先考虑弟妹的入学申请。美国比较重视家庭，给予弟妹优先入学的目的是协助父母把多名子女注册、入读同一学校，方便照顾。

上面提到了赵氏六姐妹，由于老大赵小兰率先进入哈佛大学，表现优异，也有助于妹妹们依次进入。老大表现好，学校就认为这个家庭的教育比较好，也更愿意接收其弟妹。

前面提到很多纽约家长为了能让孩子进私立学校就读，延后一年申请，增加竞争优势。很多家庭利用弟妹优先政策进行布局：如果家里是兄弟或兄妹组合，就让哥哥延后一年申请名校，进入概率很大，牺牲哥哥一年，让妹妹或弟弟坐享其成。这个方法实在高明，可惜我家姐弟组合只能羡慕嫉妒了，不忍如此牺牲女儿的芳龄。

新加坡有典型的精英教育文化，也有很浓重的弟妹优先政策。我听说新加坡一些姐弟家庭想到一个入名校的策略,即先让姐姐考取有名的女子小学(在申请时,单性别学校竞争相对弱一些),然后狂抓姐姐学习,一定要考到第一、第二名,在二年级时办理转学到混性别名校(新加坡名校是淘汰制,每年有几个新名额给优秀的外校生)。这样,弟弟就可以顺利入读名校。听完以后,我觉得姐姐的生活好悲惨啊!

  目前,纽约有几所私立学校已经取消了弟妹优先政策。因为他们认为每年弟妹占了大部分招生名额,对其他家庭的老大入学造成不公平竞争。此外,每所私立教育理念不一样,老大适合这所学校,并不意味着弟妹也适合这所学校。从这个角度看确实有一定道理。

第八章　也谈留学

孩子到底几岁留学最适合

每每回国，亲戚朋友最爱聊的话题之一就是孩子应该什么时候出国留学。他们殷殷希望我能给他们一个干脆利落的"标准答案"。但是留学这个事情虽然和年纪大小有关系，更由孩子的性格和经历为主导，是一个非常个性化的问题。出国留学并不是一贴"万能药"。在国内教育制度下挣扎的孩子，到了国外不见得就如鱼得水，在国内特别优秀的学生出国也可能跟不上，并且可能为其带来心理上无法承受的落差。每个孩子出国都会经历很长的适应过程。一旦孩子调整适应过来，将受益无穷；如果无法适应环境的变化，或者走了下坡路，留学的经历会遍布荆棘，得不偿失。下面让我们一起来分享几个现实生活中的留学的故事。

Ryan 的故事

Ryan 是我的表外甥，今年 14 周岁，已经在加拿大的温哥华就读 8 年级。

留学这一年来，他长高了 10 多厘米，掉了将近 20 斤肉，结交了世界各地的朋友，融入了就读的高中，成绩优秀，并加入了足球校队。他说虽然想念苏州的白米饭和红烧肉，他也非常喜欢自己的学校和温哥华这座城市。

Ryan 在苏州长大，曾就读于苏州赫赫有名的重点小学和最好的初中。从小他就对两件事情着迷，足球和"二战"历史。我的表嫂很早就当上了全职妈妈，带着儿子走遍苏州学游泳、学象棋、学英语、学钢琴。Ryan 的成绩中等，但兴趣爱好非常广泛，性格属于敢爱敢恨、心直口快的那类。老师曾在课堂上说错几个历史细节，他就毫不犹豫地举手纠正、辩论，让老师几乎下不了台。

Ryan 上初一的时候，我表嫂开始和我商量他出国的事情。她自己非常纠结，因为一方面想让儿子在国内读完高中，性格更成熟一点。另一方面又恐惧苏州巨大的中考压力，想一走了之。我的观点是，以 Ryan 目前的性格和状态，他随时可以出国留学。我的理由是，他的性格外向，能言善辩，敢想敢做。他看到不合理的现象敢于发言，甚至有时候让同学或老师尴尬，到国外也不会让自己吃亏。

Ryan 酷爱体育运动，足球踢得非常好，喜欢集体活动，爱交朋友。体育是不需要语言的，并且是结交朋友最好的方式。由于他学习成绩一般，所以在初中并不受到老师的喜爱。加上他生性好动调皮，时不时会犯点儿小错误，被老师批评，爸爸妈妈是学校的常客。老师预言他最多能考上一个普通高中，重点高中没有什么希望。Ryan 的英语读写虽然不能达到国外同龄人水平，但是基础很好，口语一直以来有外教辅导，交流没有问题。

对我表嫂来说，最终让她做出抉择的是儿子自己的决心和态度。Ryan 在初一的寒假去加拿大维多利亚参加了一个半月的冬令营。虽然时间不长，却让他爱上了加拿大西岸的风景人情，向往在那里求学。这是他第一次出国生活，独立在营地寄宿，没有父母陪伴。冬令营的课程也是全盘英语，营地学生主要来自加拿大和美国。一个半月的冬令营赋予他对自己在国外学习生活的自信和向往。他对妈妈说，他一定能行。

初二结束后，Ryan 告别了苏州的同学，踏上了留学之路，选择在温哥华的一所小型私立学校就读。一年后的 Ryan 给所有亲朋好友交出了一份优秀的答卷。除了学业和体育的发展，最让人开心的是看到他更健康、更自信、更快乐了！

Aurora 的故事

Aurora 今年 9 岁，在上海浦东的一所私立国际学校读小学三年级。Aurora 酷爱中文和英文，已经能阅读原版的《哈利·波特》，并能给弟妹们讲述了。Aurora 的妈妈是中欧商学院的早期 MBA，在美国得克萨斯州留学后回到国内推广国际体育赛事。Aurora 刚出生，妈妈就决定要用西方的教育理念培养她。

对 Aurora 的妈妈来说，接受西式教育并不等于要出国留学。她认为上海资源异常充足，很多国际学校并不输于国外的硬件和师资，甚至更胜一筹。在她看来，中西合璧的环境和教育对女儿的成长更有帮助。她自己在国外留学的时间虽然不长，却让她认识到中文和中国的文化背景给她在美国带来的独特优势。

Aurora 英语的听、说、读、写已经和国外同龄孩子同步，她同时也酷爱中文和书法。她的性格既动也静。安静的时候她可以坐下弹钢琴、写毛笔字；动的时候她会去打网球、开故事会。和她交流，海阔天空她都能聊，有时候会让人忘记她是一个 9 岁的孩子。

Aurora 不要出国留学？什么时候出去？这些问题她妈妈似乎不太纠结。她在上海的国际学校成绩优秀，中英文双语并进，课外兴趣爱好很广泛。因为这所国际学校一直到 12 年级，也没有中考和分流的压力。只要有假期，Aurora 和妈妈就背上背包出国旅行。今年的寒假，她们准备到美国华盛顿的亲戚家小住，并且在当地的一所公立学校插班跟读一个月。10 岁后，妈妈计划让女儿参加国外的寄宿夏令营。"立足上海，放眼世界"是 Aurora 和妈妈的口号。在这个越来越平的地球上，也许未来的留学并不代表非要漂洋过海呢。

我自己的故事

我出生在计划生育政策刚刚出台、改革开放刚刚起步的年代。作为二胎，又是女孩（我有一个哥哥，但是父母还想要一个女孩，于是顶着违反计划生育的压力要了我），我虽然没有享受到当下流行的"富养女"待遇，但对 20 世纪 80 年代的物质水平来说，算是娇生惯养的。

我的妈妈也算她那代人里虎妈型人物。她从小非常优秀突出，因为历史背景等问题，被逼高中退学而失去了读大学的机会。在我读幼儿园的时候，我妈妈就开始策划我的人生目标。我刚入小学，她就告诉我学习目标应该是重点大学。她对我的要求只有一个：只要学习好，什么她都可以包办。我记得在读高中的时候，早上妈妈会把我的洗脸水放好，牙膏都挤好，为我节约时间。就这样，我肩负着妈妈满满的期望和重重的爱，在学海中跋涉十几年，最终拿到全额奖学金漂洋过海来到美国波士顿大学。

到美国后的第一年可谓不堪回首。一直被妈妈呵护的我，一个连蛋炒饭都没有做过的人，第一次独立生活，而且是在异国他乡。我就读的国际关系学院几乎全是美国人，只有寥寥无几的亚洲学生，诉苦都没有听众。学校的奖学金包括生活费，但是我这个从来没有去过菜市场的人根本不会算账，每个月到月半就入不敷出了！为生计所迫，我学会了做花式咖啡，去咖啡店打工。我又自告奋勇给教授整理资料、翻译中文报纸，半年后被录用做了兼职的调研助理。

生活上的艰难且不说，我在学业上一向的自信也受到根本性的挑战。我从小酷爱英语，15岁的时候已经可以阅读《傲慢与偏见》的英文原著，出国前拿到英语专业8级证书。我以为到了美国之后，起码在语言上应该没有障碍。但当我第一次坐在阶梯教室里听课，就傻眼了。教授妙语连珠，课堂上笑声不断，可是我完全不知道他们的笑点在哪里。最要命的是，绝大多数课是圆桌模式，教授不断和学生互动。一到提问和辩论时，我脑海里就一片空白。只要教授向我的方向瞄一眼，我就紧张得出一身汗。不过，环境是语言最好的老师，半年后我在语言上有了突破性的进步。我的词汇量和语法基础在出国前就比较扎实，6个月的纯美语环境对我最大的帮助是在俚语和口音方面的进步，这也是只有身临其境后才能真正掌握和提高。如果在出国前英语基本功不扎实，大概需要一年多才能获得真正语言上的飞跃。英语障碍被攻破后，其实我还有一个最根本的问题——多年后，我终于明白当年的我其实最缺乏的，也是很多中国留学生缺乏的，是一个叫批判性思考（critical thinking）的能力，也就是对事件分析和评估的能力，而不是盲目地接受一个定论和答案。这个能力是美国小孩从上幼儿园就开始培养的。最常见的一个例子是这样的。当我们在背诵1+1=2，1+2=3加法表的时候，美国的孩子在苦苦追问他们的父母和老师这些数字得来的原因。美国的教育鼓励孩子提出问题，表达自己的观点，挑战权威，最不提倡死记硬背。在美国，很多考试允许学生带一张纸进考场，学生们可以把公式、概念什么的写在上面；还有很多考试干脆开卷，因为考试是考运用知识的能力，而不是知识点。十几年后的我已经在美国获得两个硕士学位，有成功的事业，得到了很多当年美国同窗梦寐以求的机会。但是偶尔我仍然能发现自己会不由自主地接受一个定论，而我的美国同事或者我的下属却会多追问一个"为什么"。

美国也非常强调塑造孩子的性格，而不是单纯地培养技能。一个有名的早教专家说，让孩子拥有好奇心（curiosity）和对学习的热爱（passion for learning）是比任何技巧和能力都重要的。拥有好奇心和对学习的热爱，他们就有了强大的内在驱动力，为了自己而学习，自己琢磨技能，学习一辈子。如果为了考试或者为了学习而学习，不管什么技能都有不够用的那一天。当然，中国的教育系统赋予了我很多其他的能力和优势。中国学生的洞察力、理解力、刻苦和韧性总让国外的教授盛赞。我们的记忆力和应试能力是美国同学可叹而不可求的！

每年回国，亲朋好友都会说，以你当年那样的成绩和能力，现在在国内肯定会更加成功的，可能早就实现财务自由了，你出国值得吗？事实是，虽然我很怀念中国，也想过回国发展，但我从来没有后悔过当年出国留学。从我在星巴克做第一杯咖啡，到我在研究生时赢得第一次辩论赛，到我用英文做第一次电视采访等在国外的每一个经历，也许因为身在异国他乡，也许因为困难重重，这些都更让我觉得自己的人生不空白、也不单一。每每回想起来，我都会不由自主地微笑。这样的一段人生经历，我拿什么都不会换。

各年龄段出国留学优劣

从我们身边很多留学生案例大概总结出以下不同阶段出国的优劣。当然每个人的经历、个性都有不同。这些结论仅供参考，并不适用于每个人。

研究生出国

研究生课程比较专业，基本都围绕某学科，对英语的要求较侧重于专业领域，所以单词量比较窄。研究生课程强度比较大，硕士1~2年结业，对语言要求不高，在国外生活时间较短。因此研究生基本上大部分时间用来学习专业知识，语言很难完全接轨，也很难融入国外生活并深入了解国外文化。这点在理工科尤其明显，研究生同学们大部分来自世界各地，而且中国学生比例很大。有的试验项目从导师到博士后、再到研究生都是华人，到头来还是中国人有自己的小圈子，平时交流都是中文。还听说英国很多大学的MBA几乎被中国人垄断。这几年到美国读文科和商科的中国研究生越来越多，文科特别是商科的留学生很多在国内有外企工作的经验，只是到美国名校来镀金，其语言能力和社交能力明显比直接从本科来读研的学生强很多，也更能融入社交圈。

大学本科出国

美国大学四年，前两年比较侧重基础课，后两年侧重专业课。美国本科特别重视阅读，学生不仅要阅读教科书，而且还要读大量的文章和论文，不仅要读得多、读得懂，还要读得快，所以连美国孩子都觉得本科特别辛苦，留学生的巨大压力就可想而知了。但好的方面是在强压之下，英语基本可以过关，很多孩子在美国大学毕业后可以说一口纯正的美语，与美国人深入沟通基本无障碍。但是孩子们的生活习惯和思维方式在出国前已经成熟，还是比较倾向于中国模式，交友也以华人为主。美国和中国一样，大学本科的同学群、校友群是个很重要的圈子，所以本科毕业留在当地工作、生活，建立职业和个人网络都比较容易，回国发展也可以。本科出国可以说是两边双向发展比较好的一个契机。但并不是所有本科出国的孩子都学有所成，国内热播的电视剧《欢乐颂》里面的富二代曲筱绡，从美国本科留学回来英语很差，资料都看不懂。在现实生活中，这种孩子确实大有人在，因为很多三流大学华人很多，不学习英语、不会英语也可以蒙混毕业。

高中出国

美国的高中是从 9 年级至 12 年级，"美高"这个词也成为流行词汇。

很多北上广家庭愿意让孩子在高中阶段出国，一是因为语言会彻底过关；二是因为报考国外大学更具优势，申请大学时与在国内读高中的孩子们相比竞争力高很多，进入名校的机会大大提高；三是因为此阶段孩子进入叛逆期，离开父母也是一个很好的选择。我采访过很多高中留学的孩子们，他们都很开心，尤其对比留在国内的同学，他们很珍惜在国外相对自由、灵活的学习环境。我的一个好朋友是台湾女孩，她从台湾到美国读私立高中留学 4 年，后来大学转去加拿大移民。我让她回忆：你一个小女孩这么早出国是什么感受？孤单吗？觉得是不是出来太早？她的回答让我很惊讶。她说在美国的高中 4 年是她人生中最快乐、最难忘的 4 年，离开家的束缚真是太好了，同学们住在一起特别温暖，大家像兄弟姐妹，这是一辈子的友谊。我的另一个朋友把进入叛逆期的儿子从北京送到美国加州私立高中住宿，一年后儿子变化特别大，成熟、独立、懂事、感恩，她说儿子在家不听她的教诲，但在学校里听老师的和学长的，学校还安排高年级孩子给低年级孩子上课，起到榜样作用。高中毕业，这个小伙子考入斯坦福大学。高中出国的风险就是孩子正处在青春期，似懂非懂，缺乏一定判断力和自控力，如果交到坏朋友，很容易一落千丈。所以我们建议给孩子选择一个正规、安全、氛围较好的学校，并经常与孩子交流，主动接触孩子的朋友圈。

小学、初中出国

现在低龄化出国已成为一大留学趋势。一个原因是父母对国内低龄填鸭式教育不满，怕抑制了孩子的创造力，干脆就让其尽早出国；二是因为国内的环境污染，让孩子生活在国外对身体发育更有益。当然，越小出国留学，越容易接受当地的文化，融入当地社会，朋友也不再限于华人圈；低龄段留学的孩子普遍比较单纯和阳光。缺点是大部分低龄出国的孩子在中文上只会听说，读写是个大问题。对低龄化出国目前仍存在很大争议。有的家长认为中文固然重要，但相对于孩子整体的素质发展而言，就是树木与森林的关系，不能为了树木而牺牲了整片森林。有的家长则认为必须让孩子学好中文，了解中国文化，早出国就等于"四不像"。任何事情都有其两面性，孩子教育纯属各家的行为，没有绝对的错与对；而且人生道路很长，也没有一个硬性的评判标准。每个家庭需要根据自己孩子的性格特点，以及父母在情感与经济上的支持能力来进行衡量。

哪种类型的孩子更适合出国留学

从性格上来说，敢于挑战权威、有主见、有创造力、思想独立、个性较强的孩子更适应国外教育。这类孩子如果在国内很容易被压抑，被磨平棱角，而国外教育更崇尚个性化。美国的老师更喜欢调皮捣蛋的孩子，反而不喜欢乖乖娃。纽约著名的蒙特梭利私立学校 The Caedmon School 的校长在开会时曾对我们说，他在面试老师的时候每次都会问一个问题："当你遇到调皮捣蛋的学生，你能开怀大笑吗？如果答案是 No，说明你不够资格当我们学校的老师。"有一位朋友抱怨他的孩子特别调皮，老师经常找他们谈话，感到压力好大，问我怎么办？我开玩笑说："那就送孩子出国吧！"

第八章　也谈留学

学霸型、乖乖女型、数理化型的孩子可能更适合在国内接受基础教育，国内的教育资源会对这类孩子倾斜，他们在国内环境下也能获取更多的自信。但是从另一方面来说，这类学霸孩子如果在大学或研究生阶段留学，会感受到非常大的冲击（culture shock），有的能够挺过去，集聚中西教育的精髓而取得成功；有的则自信心一落千丈，反而会变得平庸。

国内的理科基础教育确实更扎实、更深入一些，国外还是偏重于文科教育，偏重于写作和阅读，因此喜欢理科的孩子更适合在国内受教育。很多数学不太好的孩子出国后最大的感慨是："老师居然表扬我数学好！"其劣势反而变成了优势。记得我读高中时班上来了一位美国交换学生，她是一个会说中文的华人，老师之前问她什么课程学得比较好，她说是数学；结果第一次数学考试她只得了10分，自信心遭受重创。

另外，音乐好、体育好或有其他特长的孩子更适合尽早留学。国内育儿最调侃的一句话是：不要让孩子输在起跑线上。在体育这点上，欧美家长确实比较重视，孩子从小就接触各种运动，而且给孩子足够的时间来玩他们喜欢的运动。欧美家长们认为人生是一场马拉松，有了强壮的体魄、拼搏的精神和团队协作能力，孩子才能跑得更远，才能有精力出色地完成学业和工作。在大学录取中，体育绝对是招生考量的重要指标。另外，欧美更加重视团体类运动。他们认为团体类项目能让孩子们学习如何与他人合作，可以很好地培养孩子的沟通能力、意志力和责任感。

中国孩子与欧美孩子各年龄段课外活动对比

	中国孩子	欧美孩子
1~2岁	各类早教班与室内游乐场	在草坪上摸爬滚打
3~5岁	偏个人运动启蒙	接触各种团体球类运动
6~8岁	英语、钢琴、作业	大量阅读、放学后以运动为主
9~12岁	补习、奥数、各类才艺考级	每周训练、打各类比赛
13~18岁	升学与出国培训、各类才艺考级	考SAT、打比赛、参加各种社团活动

从2016年里约奥运会上我们就能看出在美国体育好是多么重要！据统计，2016年出征里约的550余位美国队运动员中，来自美国各大高校的运动员占了430多位。其中，斯坦福大学位居榜首，该校派出了40位运动员。由此可见，美国高校对运动员的重视程度非同一般。根据NCAA网站，来自78所大学的美国运动员获得了此次奥运会奖牌。按奖牌数量排名，前三名由气候宜人的加州学校包揽，依次为斯坦福大学，加州大学伯克立分校和南加州大学。其中，斯坦福大学16位学生取得了27枚奖牌，占美国奖牌总数的22%。这足以说明美国把体育特长看得相当重，美国对体育的普及程度和投入程度，无它国能敌。

目前，中国家长也在有意识地从小培养孩子的多项特长，球类、滑冰、游泳、钢琴几乎每个孩子都学，家长们为此投入了大量的人力、物力和财力。但最终的区别是，国内大学的录取机制导致了中国孩子很难把这些特长一直坚持到初中和高中，很多有体育和音乐天赋的孩子，被迫放弃擅长的项目，专攻文化课分数，这是到目前为止中国教育一直无法改变的事实。因此，我们建议如果孩子有体育、音乐或其他天赋和爱好，最好尽早出国留学，这样既能让孩子坚持自己的爱好，又能考上好大学，何乐而不为？

第八章　也谈留学

孩子到国外以后，外语会神奇般提升吗

大家可能听过这样一句话：孩子都是语言天才。这句话是形容孩子们接受新语言的能力特别强。因此很多家长想象孩子到了国外，几天语言就过关了！可事实是很多朋友都抱怨孩子到美国几个月了英语还说不好。其实，语言对任何人都是循序渐进的过程，只不过孩子的进度会比大人快一些，但绝对不是我们想象中的几天接轨。

研究已经证明，语言环境对语言的提高有不可估量的作用。语言的发展并不是一个直线（linear）的过程，而更像一条抛物线。来到美国，很多孩子会很快掌握一些基本词汇，可以交流，但是发音并不会像父母想象般那样马上就变成标准的美语。孩子学习英语最重要的元素是周围的小朋友，孩子有惊人的模仿能力，而且他们最喜欢模仿的就是自己的朋友。如果孩子在国内没有很强的英语基础，他们到美国后英语的发展通常有几个里程碑：1~3个月基本词汇量会急速提高；6个月发音会变得明显纯正；如果就读全日制学校，一年以后英文基本能够与当地美国学生同步。当然，越早来美国的孩子，语言关过得越快。

人的一生中有一个固定的时期比其他任何时期都更容易学习语言，过了这段时期以后，一般很难习得完美的母语。每个孩子都有语言天赋，人类大脑中掌管语言学习的区域叫"布罗卡"区，4~12岁是这个区域的灵敏期，此时被存储的语言会被大脑认为是"母语"。也就是说，这个时期学习语言很容易快速掌握并灵活运用。12岁之后，绝大部分人的"布

罗卡"区会关闭，此时再学语言，大脑会将这些语言存储在记忆区，运用时就不再那么自如灵活了。这时，当你再产生思维想表达的时候，不是直接从母语区反射出来，而是要绕一圈，绕到记忆区，然后在记忆区提取，最后再说出来。因此，教育学家把4~12岁称为"语言关键期"，在这一时期习得的语言将成为母语，未来可以灵活运用。

语言能力确实存在天赋差异，孩子们对外语接受的快慢程度也不一样。同样是4岁孩子，一个朋友的儿子转到美国幼儿园哭了2个多月，说听不懂，很难过；另一个朋友的女儿转来哭了1个月，然后英语有迅猛的长进，回家就开始说英语。一般来说，女孩子对语言更敏感，掌握得更快。

语言说简单也简单，说复杂也复杂。虽然语言是日常沟通的工具，但语言也有深浅区别。大家想想中文能力就能理解：日常对话大家都差不多，但同样是中国人，在发音上只有少数人很标准；在用词上只有少数人能做到引经据典，妙语连珠；在写作上，只有少数人能做到文字优美流畅；在表达上，只有少数人逻辑清楚，表达简练；也只有少数人擅长演讲和辩论。同理，英文也是一样。一般来说，两位留学生考上同一所大学，小学就来美读书的孩子的英文能力肯定比高中来美读书的孩子要强，这与阅读量和文化有很大关系。当然，我周围也有国内土生土长、有语言天赋、超级喜欢阅读英文原著、英语词汇量和语言运用能力都非常强的孩子。我们写这章节的目的就是想让家长们"端正思想"：语言不是一蹴而就的事情，是一个长时间积累的结果。就算出国留学，也要给孩子一年的时间来适应。另外，想让孩子语言达到一个什么程度也是考虑孩子几岁出国的重要因素。

第八章　也谈留学

在国内学习不好的孩子出国留学会变成好学生吗

20世纪80~90年代，出国留学就是一个梦，只有很少数很优秀的学生才有机会出国。踏入千禧年，随着国内富人越来越多，签证越来越容易，留学呈两极化发展。很多在国内学习不好的孩子也被送出国镀金。慢慢地就有一些传言：在国内学习不好的孩子，出国学习就好了，就万事大吉了。可实际情况是这样吗？

我身边确实有几个案例，在国内学习中等或偏下的孩子，到了美国由于经常受到老师的鼓励，激发了学习热情，一举成为优秀学生。这种孩子的特点是比较有主见，具备一定的学习能力，但是在国内不招老师喜欢。他们有不同见解，但却经常被压抑，因此缺乏学习动力。但到了美国以后，他们招中国老师讨厌的地方反而变成了让美国老师欣赏的地方，所以一下子爱上了学习。

还有一个案例：我在留学时的一个同学，因为他英文不好，所以经常让我帮他改作业，还经常半夜三更发过来。我一看就气坏了，文章写得毫无逻辑，乱七八糟，很多次我干脆熬夜替他重写。后来我就问他："你中文作文也很差，对吧？"他惊讶于我是怎么知道的，因为我发现他不光是语言的问题，英文不好只是一个借口而已。我可以判断，他在国内学习肯定不好，因为他的逻辑、思维和方法都不对。而语言只是一个工具、一个载体。这种孩子就是缺乏良好的学习能力和学习方法，基本功不扎实。他们在国内学习不好，在国外照样学不好。就算英语好，学习成绩也不可能很优异。

归根结底，学习好坏与学习基础、学习方法、学习热情、刻苦程度、考试技巧和外语水平都有关系，不是由单一因素决定的。希望家长不要轻信某一结论。家长们最了解自己的孩子，应该有足够的判断力来分析出国到底对自己孩子的学业有哪些正面和负面的影响。

自己报名参加国外夏令营吧

让孩子出国留学对于大部分中国家庭来说是一件超级大事，因为涉及移民、买房、金钱、陪伴、安全、申请、签证等很多很多因素，只有一小部分孩子有条件出国留学。可是家长望子成龙，想让孩子与国际接轨，那么何不选择出国参加夏令营呢？

对于我们家长这一代来说，暑期很短。一提到暑假，回忆里都是悲伤的暑假作业和补课……完全不知道在我们恶补学业的时候，西方的孩子们都在夏令营里开心地玩耍，强身健体，挑战自我。

美国和欧洲都有浓厚的夏令营文化。夏令营起源于美国，从1861年至今，发展已逾百年，以亲近自然、鼓励探索、培养能力、促进友谊和丰富人生为基本宗旨。每年约有800多万美国青少年和数以万计来自世界各地的青少年参加全美各式各样的夏令营。对美国孩子来说，参加夏令营已成为暑期文化的重要组成部分。迪士尼总裁迈克尔·艾斯纳曾作为营员在凯威汀夏令营度过了9个夏天。他说："童年经历铸就了我克服困难的利器，也建造了摆渡人生的桨橹。夏令营本身就是一种利器，它丰富的内涵让我在漫长的一生中不断悟出更深的道理。"

第八章　也谈留学

美国营地的湖边篝火台

美国营地的各种运动场

美国营地的各种运动场

美国营地供营员居住的小木屋

国外夏令营一般有细致的年龄分段；参营时间有短有长；营地主题包括体育、艺术、语言、科技、棋类、野外生存、领导力、社区服务等类别，每一类别都有上千个营地；具有团体性、体验性、娱乐性和教育性等特点。美国夏令营已成为一种产业，市场规模在 100 亿美元以上。

如果你不想或没有足够的条件让孩子出国留学的话，去国外参加夏令营是一个一举多得的大好机会。

- 对于纠结是否出国留学的家庭来说，1~2 个月的夏令营是投资风险比较小的试映（preview）：既能给孩子独立去国外生活的机会，又能给家长感受西方教育的机会，也算投石问路。

- 对于想让孩子看世界，同时锻炼外语口语的家庭来说，夏令营远比走马观花式的旅游更有价值。夏令营里大多数是本地的孩子，课程和项目也是由营地安排，孩子可以深度地接触国外的学习方式和生活方式。

- 美国很多孩子每年夏天都返回参加同一个夏令营，有的甚至是他们的爸爸妈妈小时候曾参加的营地。几年下来，孩子们能结下深厚的友谊，成为终生的朋友。美国孩子在被问及夏令营最有价值的一点，很多人的第一选择是"结交好朋友"。

- 美国的很多夏令营会重点培训一项技能，如戏剧表演、舞蹈、油画、机器人制作等。孩子在夏令营可以货真价实地学到东西。我朋友在读小学的女儿参加过一个美国化学营，做了好多奇怪的化学试验，而这些试验在家是绝对没有条件做的。而且小学也没开始学习化学。她还参加过一个电影特效营，这种特效在家、在学校都没法做，因为需要特殊设备和软件。她女儿特别开心，因为夏令营让她了解到新学科，掌握了很多新知识，并极大地满足了她的好奇心。

- 孩子7岁以后可以参加住宿夏令营。离开父母到郊外营地生活，绝对能提高孩子的自主生活能力，孩子们参加完住宿夏令营后都有脱胎换骨的变化。朋友的女儿在营地里摔了一跤，膝盖磨去好大一片肉，老师说她居然都没哭，而是很冷静地找到辅导员来处理伤口。朋友说这要是在家里肯定要哭半天。另一个朋友的女儿参加了探险夏令营，露宿野外2周，回到家里说第一句话是："躺在床上真舒服啊！"现在她女儿格外珍惜自己的生活。

目前，我们了解到身边大部分朋友给孩子报的夏令营，其实都不是国外真正的当地夏令营，而是由国内机构组织的游学团。国外当地夏令营是当地机构主办的，大部分营员还是该国家的孩子，语言环境好，并且营地的教学安排都符合当地的教育文化和水准。而游学和旅游项目则不具备这种优势，参加的孩子基本都是中国孩子，平时还是讲中文，大部分游学和旅游都是走马观花，然而这样做不可能真正了解国外教育的精髓。另外，国内游学团的价格往往高于自己带孩子参加当地夏令营的费用。

我们建议家长们给孩子们报名国外当地的夏令营，给孩子们创造一个有趣且有意义的暑假。如果想查询海外夏令营，推荐"环球营"全球营地中文搜索平台，可轻松查找适合孩子的营地。世界变平了，让孩子们去充分感受世界吧！

附录一

纽约市适合儿童的博物馆与文化中心简介

博物馆与文化中心名称及网址	博物馆与文化中心简介
Children's Museum of Manhattan www.cmom.org	总面积4000平方米的曼哈顿儿童博物馆最适合6岁以上孩子来这里探索文化,历史和科学,其乐无穷
Brooklyn Children's Museum www.brooklynkids.org	1899年成立,历史悠久的布鲁克林儿童博物馆是全美国第一个专门为儿童设计的博物馆,如今是全国最享有盛誉的儿童机构之一
New York Historical Society/DiMenna Children's History Museum www.nyhistory.org/childrens-museum	纽约历史文化研究所下属的一个特色儿童历史博物馆带孩子们一下穿越到350年前的美国,里面有精致的儿童图书馆,经常举办儿童活动。4岁以下儿童免费
Children's Museum of the Arts www.cmany.org	总面积一千多平方米的纽约儿童艺术博物馆拥有2000多份儿童艺术展品,包括一个大型的儿童画廊
Jewish Children's Museum www.jcm.museum	纽约犹太儿童博物馆让孩子们在一个充满了欢乐趣味的环境中了解犹太历史和传统
Long Island Children's Museum www.licm.org	长岛儿童博物馆2002年开放,拥有一个占地4000多平方米的场地;除了14个儿童艺术展馆外还有一个高科技的剧院和艺术工作室
Staten Island Children's Museum www.sichildrensmuseum.org	Staten Island 儿童博物馆以培养儿童动手能力和创造力著称,寓教于乐

博物馆与文化中心名称及网址	博物馆与文化中心介绍
New York Aquarium www.nyaquarium.com	纽约水族馆让孩子们遨游海洋世界，水族馆门外就是 Brighton Beach，阳光、海浪和沙滩
American Museum of Natural History www.amnh.org	美国自然历史博物馆：恐龙化石！恐龙化石！恐龙化石！世界上最知名的自然与历史博物馆！世界各地的孩子们都慕名而来
The Metropolitan Museum of Art www.metmuseum.org	享誉全球的大都会博物馆是纽约最大的博物馆，也是游客到纽约的一堂必修课。大都会博物馆经常在周末举办儿童艺术活动
Museum of Modern Art (MoMA) www.moma.org	纽约现代艺术博物馆和大都会博物馆的声誉可谓并驾齐驱，以当代艺术为主，装修时尚，很受孩子们喜爱。周末经常举办儿童艺术活动，16岁以下免费
Solomon R. Guggenheim Museum www.guggenheim.org	古根海姆是世界知名的大型综合性博物馆，其螺旋状的大楼是纽约的重要地标之一，孩子们都喜欢一圈一圈往上走。12岁以下免费
Whitney Museum of American Art www.whitney.org	惠特妮美洲艺术博物馆以美国现代艺术的收藏闻名，作品有些比现代艺术博物馆（MoMA）还要新。每周末博物馆开展多种专为孩子和家庭设计的免费活动
The Morgan Library & Museum www.themorgan.org	老摩根（Pierpont Morgan，JP摩根的父亲）的私人图书馆，保存着他收集的手稿和印刷书籍，以及一些罕见的版画和图纸。此图书馆非常精致
Cooper Hewitt, Smithsonian Design Museum www.cooperhewitt.org	古柏惠特博物馆是以设计艺术为主题的特色博物馆，被媒体赞为"未来世界的博物馆"。里面很适合孩子，可以进行电脑艺术制作。18岁以下儿童免费
Lincoln Center www.lincolncenter.org	林肯中心作为纽约古典音乐界的中心，是所有艺术家憧憬的舞台，同时也是汇集了剧院歌剧院、音乐厅、室外音乐厅的纽约文化中心。林肯中心经常举办儿童音乐活动和音乐会

附录一 纽约市适合儿童的博物馆与文化中心简介

博物馆与文化中心名称及网址	博物馆与文化中心介绍
Carnegie Hall www.carnegiehall.org	卡内基音乐厅是由美国钢铁大王兼慈善家安德鲁·卡内基于1891年在纽约市第57街建立的第一座大型音乐厅。卡内基音乐厅经常举办儿童免费听音乐活动，每年两次免费的家庭日吸引成百上千的儿童来了解音乐
New York Botanical Garden www.nybg.org	纽约植物园是美国重要的植物园之一，占地约100公顷，拥有世界领先的植物实验室。其全年提供大型花展等大型展览，参观游客每年达八十万人。植物园里面有一个儿童专园，经常举办儿童活动；每年圣诞新年季的小火车展览已经是小纽约客的一项传统，吸引上万纽约孩子观看
The Intrepid Sea, Air & Space Museum www.intrepidmuseum.org	无畏号航舰博物馆展示了无畏号航空母舰，USS Growler潜艇，协和飞机和洛克希德A-12超音速侦察机。企业号航天飞机也在此展出
South Street Seaport Museum www.southstreetseaportmuseum.org	南街海港博物馆具有一些在曼哈顿市中心最古老的建筑，包括经过翻新的原有商业建筑，翻修过的帆船，前富尔顿鱼市场以及拥有食品、购物和夜生活场所的现代旅游购物中心，并享有布鲁克林大桥的景色。很适合孩子玩耍
New York City Fire Museum www.nycfiremuseum.org	纽约消防博物馆有几个特别之处：特别纪念911袭击中殉职的343名FDNY消防员；经常有满身勋章的退休消防员到现场讲述消防历史及个人轶事；每年12月的某周末以从屋顶解救圣诞老人作为消防公众教育活动，会吸引很多儿童观看
Museum of Arts and Design www.madmuseum.org	纽约艺术与设计博物馆是最易于识别的建筑之一，它收集和展示当代的工艺、艺术和设计以及针对传统对象的创新。位于顶层的餐厅是聚会的时尚场所并具有超级的中央公园景观，很适合儿童

博物馆与文化中心名称及网址	博物馆与文化中心介绍
Queens County Farm Museum www.queensfarm.org	皇后县农场博物馆的历史可追溯到1697年，它占据了纽约市最大的剩余未受干扰的农田。该场地包括历史悠久的农场建筑、温室综合体、牲畜、农用车辆和工具、种植场、果园和药草园，很适合儿童玩耍
New York Transit Museum www.nytransitmuseum.org	纽约运输博物馆展示纽约市地铁、公共汽车、通勤铁路、桥梁和隧道系统的历史文物，比较吸引男孩子
New York Hall of Science www.nysci.org	纽约科学馆，纽约市唯一的实践科学中心，适合家庭和学生团体。有超过450个互动展览，包括Rocket Park Mini Golf，60000平方英尺科学游乐场，设计实验室以及一个创新的动手空间，帮助孩子更好地进行设计和创造
Discovery Times Square www.discoverytsx.com	发现时代广场是一个展览空间，专门用来旅游展览。展览经常变换主题，主题源自世界各地，诸如泰坦尼克号和兵马俑，都足够震颤
Madame Tussauds Wax Museum www.madametussauds.com	纽约杜莎夫人蜡像馆，很熟悉的名字，适合追星的青少年和喜欢拍照的家长。纽约蜡像馆规模较大，且制作精良，多为美国文化中的英雄和明星
Statue of Liberty and Ellis Island www.statueoflibertytickets.com	自由女神是中国人最熟悉的纽约景点和线路，但有时它真正的内容会被忽视，它的全称是自由女神国家纪念地和埃利斯岛移民博物馆
Liberty Science Center www.lsc.org	自由科学中心是一个特别适合中小学生探索科学的场馆，因为建成时间较晚，又是新泽西州投资并着力打造的与纽约科学馆竞争的项目，所以设施和题材更新一些，其IMAX球幕影院是全美最大的
Museum of the City of New York www.mcny.org	纽约市立博物馆是一个纽约规划历史和艺术的博物馆，位于第五大道的北端。在这里可以看到纽约城的发展历史和未来规划

附录一　纽约市适合儿童的博物馆与文化中心简介

博物馆与文化中心名称及网址	博物馆与文化中心介绍
The Frick Collection www.frick.org	弗里克美术收藏馆是美国"煤老板"的豪宅。亨利·弗里克是美国的焦炭大王,卡内基的合作伙伴,这里是他纽约的豪宅,他的晚年在这所房子里度过,直到1919年去世。他将房子及其所有内容,包括艺术、家具和装饰物品进行展出
Paley Center for Media www.paleycenter.org	帕雷媒体中心。全美只有两家传媒博物馆,另一家位于洛杉矶的比弗利山庄。更适合大一点的孩子和相关专业的学生,专业性毋庸置疑
The Rubin Museum of Art www.rubinmuseum.org	纽约市鲁宾喜马拉雅艺术博物馆,以喜马拉雅文化和艺术为中心的特色博物馆,拥有纽约独一无二的藏文化展馆。12岁以下免费
Federal Hall National Memorial www.nps.gov/feha/	联邦国家纪念堂建于1842年,原为海关大楼,坐落在联邦厅原址。联邦厅建于1700年,为纽约市政厅,后来作为美国第一座国会大厦,以及乔治·华盛顿就任第一任美国总统的地点
American Folk Art Museum www.folkartmuseum.org	美国民俗艺术博物馆虽然不为很多人熟知,其实是一个很精致很特别的博物馆。它致力于美国艺术的美学欣赏和来自美国和国外的当代自学艺术家的创造性表达。儿童免费
Asia Society www.asiasociety.org	亚洲协会博物馆以亚洲艺术(包括印度)为主,经常有亚洲艺术家特别展览。周五6点以后免费
Brooklyn Museum www.brooklynmuseum.org	布鲁克林博物馆是综合性大博物馆,占地56000平方米,展品约150多万份,是纽约第三大博物馆。儿童免费
Museum of Chinese in America (MOCA) www.mocanyc.org	位居纽约唐人街的美国华人博物馆讲述了美国华人移民的过去、现在和未来

博物馆与文化中心名称及网址	博物馆与文化中心介绍
Museum of the Moving Image www.movingimage.us	美国移动影像博物馆是以媒体为主题的特色博物馆，志在帮助大人和孩子理解和欣赏电影、电视和数码媒体的艺术感、历史感和科技。3岁以下儿童免费
The Cloisters www.metmuseum.org/visit/met-cloisters	修道院艺术博物馆是以欧洲中世纪建筑、雕塑和艺术为主的特色博物馆。其所在的 Fort Tyron 公园依傍着哈德逊河，是纽约最美的景观之一。12岁以下免费
Barnes & Noble www.barnesandnoble.com	巴诺书店已有整整130多年的历史，总部位于纽约，是美国最大的连锁书店。每个巴诺书店都有一个很大很美的儿童区，孩子在里面可以自由畅读，每周末都举办儿童读书活动

附录二

曼哈顿及周边私立学校一览表

私立学校名称及网址	教学年级	招生性别	学校地点
The Ethical Culture Fieldston School www.ecfs.org	N–12	男女合校	布朗克斯区、曼哈顿
The Horace Mann School www.horacemann.org	N–12	男女合校	布朗克斯区、曼哈顿
The Riverdale Country School www.riverdale.edu	N–12	男女合校	布朗克斯区
Avenues The World School www.avenues.org	N–12	男女合校	曼哈顿
Blue School www.blueschool.org	N–8	男女合校	曼哈顿
The City & Country School www.cityandcountry.org	N–8	男女合校	曼哈顿
Ecole Internationale de New York www.einy.org	N–8	男女合校	曼哈顿
Friends Seminary www.friendsseminary.org	K–12	男女合校	曼哈顿
Grace Church School www.gcschool.org	N–12	男女合校	曼哈顿
Leman Meritas www.lemanmanhattan.org	N–12	男女合校	曼哈顿

私立学校名称及网址	教学年级	招生性别	学校地点
Little Red School House & Elisabeth Irwin High School www.lrei.org	N–12	男女合校	曼哈顿
St. Luke's School www.stlukeschool.org	N–8	男女合校	曼哈顿
Village Community School www.vcsnyc.org	K–8	男女合校	曼哈顿
The Allen-Stevenson School www.allen-stevenson.org	K–9	男校	曼哈顿
The Beekman School www.beekmanschool.org	9–12	男女合校	曼哈顿
The Birch-Wathen Lenox School www.bwl.org	K–12	男女合校	曼哈顿
The Brearley School www.brearley.org	K–12	女校	曼哈顿
The British International School of New York www.bis-ny.org	N–8	男女合校	曼哈顿
The Browning School www.browning.edu	N–12	男校	曼哈顿
The Buckley School www.buckleyschoolnyc.org	K–9	男校	曼哈顿
The Caedmon School www.caedmonschool.org	N–5	男女合校	曼哈顿
The Cathedral School www.cathedralschoolnyc.org	N–8	男女合校	曼哈顿
The Chapin School www.chapin.edu	K–12	女校	曼哈顿
Convent of the Sacred Heart www.cshnyc.org	N–12	女校	曼哈顿

附录二 曼哈顿及周边私立学校一览表

私立学校名称及网址	教学年级	招生性别	学校地点
The Dalton School www.dalton.org	K–12	男女合校	曼哈顿
The Family School www.amshq.org	N–6	男女合校	曼哈顿
The Geneva School of Manhattan www.genevaschool.net	N–8	男女合校	曼哈顿
The Hewitt School www.hewittschool.org	K–12	女校	曼哈顿
La Scuola D'Italia Guglielmo Marconi www.lascuoladitalia.org	N–12	男女合校	曼哈顿
Loyola School www.loyola-nyc.org	9–12	男女合校	曼哈顿
Lycee Francais de New York www.lfny.org	N–12	男女合校	曼哈顿
Lyceum Kennedy www.lyceumkennedy.org	N–5	男女合校	曼哈顿
Manhattan Country School www.manhattancountryschool.org	N–8	男女合校	曼哈顿
Marymount School of New York www.marymount.k12.ny.us	N–12	女校	曼哈顿
The Nightingale-Bamford School www.nightingale.org	K–12	女校	曼哈顿
Ramaz School www.ramaz.org	N–12	男女合校	曼哈顿
Regis High School www.regis-nyc.org	9–12	男校	曼哈顿
The Rudolf Steiner School www.steiner.edu	N–12	男女合校	曼哈顿
Saint David's School www.saintdavids.org	N–8	男校	曼哈顿

私立学校名称及网址	教学年级	招生性别	学校地点
The Spence School www.spenceschool.org	K–12	女校	曼哈顿
St. Bernard's School www.stbernards.org	K–9	男校	曼哈顿
The Town School www.thetownschool.org	N–8	男女合校	曼哈顿
The Trevor Day School www.trevor.org	N–12	男女合校	曼哈顿
United Nations International School www.unis.org	N–12	男女合校	曼哈顿
Abraham Joshua Heschel School www.heschel.org	N–12	男女合校	曼哈顿
The Alexander Robertson School www.alexanderrobertson.org	K–6	男女合校	曼哈顿
Bank Street School for Children www.bankstreet.edu	N–7	男女合校	曼哈顿
BASIS Independent Manhattan www.basisindependent.com/nyc	K–8	男女合校	曼哈顿
The Calhoun School www.calhoun.org	N–12	男女合校	曼哈顿
The Cathedral School www.cathedralnyc.org	K–8	男女合校	曼哈顿
Collegiate School www.collegiateschool.org	K–12	男校	曼哈顿
Columbia Grammar and Preparatory School www.cgps.org	N–12	男女合校	曼哈顿
Corlears School www.corlearsschool.org	N–4	男女合校	曼哈顿
De La Salle Academy www.delasalleacademy.com	6–8	男女合校	曼哈顿

附录二 曼哈顿及周边私立学校一览表

私立学校名称及网址	教学年级	招生性别	学校地点
The Dwight School www.dwight.edu	K–12	男女合校	曼哈顿
The Mandell School www.mandellschool.org	N–8	男女合校	曼哈顿
Metropolitan Montessori School www.mmsny.org	N–6	男女合校	曼哈顿
Professional Children's School www.pcs-nyc.org	4–12	男女合校	曼哈顿
The Rodeph Sholom School www.rodephsholomschool.org	N–8	男女合校	曼哈顿
The Solomon Schechter School of Manhattan www.sssm.org	K–8	男女合校	曼哈顿
Speyer Legacy School www.speyerlegacyschool.org	K–8	男女合校	曼哈顿
St. Hilda & St. Hugh's School www.sthildas.org	N–8	男女合校	曼哈顿
The Studio School www.studioschoolnyc.org	N–8	男女合校	曼哈顿
Trinity School www.trinityschoolnyc.org	K–12	男女合校	曼哈顿
York Prep www.yorkprep.org	6–12	男女合校	曼哈顿
Nord Anglia International School www.nordangliaeducation.com	N–8	男女合校	曼哈顿
Wetherby-Pembridge School www.wetherby-pembridge.org	N–5	男女合校	曼哈顿
Portfolio School www.portfolio-school.com	K–12	男女合校	曼哈顿
AltSchool www.altschool.com	N–8	男女合校	曼哈顿、布鲁克林区

私立学校名称及网址	教学年级	招生性别	学校地点
Packer Collegiate Institute www.packer.edu/	N–12	男女合校	布鲁克林区
Saint Ann's School www.saintanns.k12.ny.us	N–12	男女合校	布鲁克林区
International School of Brooklyn www.isbrooklyn.org	N–8	男女合校	布鲁克林区
Brooklyn Heights Montessori www.bhmsny.org	N–8	男女合校	布鲁克林区
Brooklyn Friends School www.brooklynfriends.org	N–12	男女合校	布鲁克林区
Greene Hill School www.greenehillschool.org	N–8	男女合校	布鲁克林区
The Berkeley Carroll School www.berkeleycarroll.org	N–12	男女合校	布鲁克林区
Poly Prep Country Day School www.polyprep.org	N–12	男女合校	布鲁克林区

注释：N 指 Nursery（幼儿园阶段）；K 指 Kindergarten（学前班阶段）

附录三

最受美国孩子喜爱的童书书单

序号	书　名	作　者
学前阶段		
1	《晚安，月亮》 (Goodnight Moon)	玛格丽特·怀斯·布朗 (Margaret Wise Brown)
2	《好饿的毛毛虫》丛书 (The Very Hungry Caterpillar)	艾瑞·卡尔 (Eric Carle)
3	《棕色的熊、棕色的熊，你在看什么？》 (Brown Bear, Brown Bear, What Do You See?)	小比尔·马丁 (Bill Martin Jr.)
4	《粉色世界》丛书 (Pinkalicious)	维多利亚·坎恩 (Victoria Kann)
5	《花俏南希》丛书 (Fancy Nancy)	简·欧康纳 (Jane O'Connor)
6	《青蛙和蛤蟆》丛书 (Frog & Toad)	阿诺·罗贝尔 (Arnold Lobel)
7	《鸽子丛书》丛书 (The Pigeon Books)	莫·威廉姆斯 (Mo Willems)
8	《叽喀叽喀碰碰》丛书 (Chicka Chicka Boom Boom)	小比尔·马丁 (Bill Martin Jr.)
9	《哔哔巴士》 (The Wheels on the Bus)	保罗·欧·林斯基 (Paul O. Zelinsky)

序号	书　名	作　者
10	《勇敢的小火车头》 (*The Little Engine That Could*)	华提·派普尔 (Watty Piper)
11	《猜猜我有多爱你》 (*Guess How Much I Love You*)	山姆·麦克布雷尼 (Sam McBratney)
12	《如果你给老鼠饼干吃》 (*If You Give a Mouse a Cookie*)	劳拉·乔夫努梅罗夫 (Laura Joffe Numeroff)
13	《爱心树》 (*The Giving Tree*)	谢尔·希尔弗斯坦 (Shel Silverstein)
14	《寻找维尼》 (*Finding Winnie*)	林赛·马蒂克 (Lindsay Mattick)
15	《拍拍小兔子》 (*Pat the Bunny*)	桃乐茜·昆哈特 (Dorothy Kunhardt)
16	《小小红色车厢》 (*The Little Red Caboose*)	玛丽安·波特 (Marian Potter)
17	《等待》 (*Waiting*)	凯文·汉克斯 (Kevin Henkes)
18	《宝宝的量子物理学》丛书 (*Quantum Physics for Babies*)	克里斯·费利 (Chris Ferrie)
19	《你是我妈妈吗？》 (*Are You My Mother?*)	菲利普·戴伊·伊士曼 (P. D. Eastman)
20	《积木ABC：乐高积木字母书》 (*Brick ABC: An Alphabet Book Illustrated with LEGO Bricks*)	布里克·帕尔斯 (Brick Pals)
21	《彼得兔的故事》 (*The Tale of Peter Rabbit*)	碧雅翠丝·波特 (Beatrix Potter)
22	《蜡笔罢工了》 (*The Day the Crayons Quit*)	德鲁·戴瓦特 (Drew Daywalt)
23	《野兽出没的地方》 (*Where the Wild Things Are*)	莫里斯·桑达克 (Maurice Sendak)

附录三　最受美国孩子喜爱的童书书单

序号	书　　名	作　　者
24	《当我长大》 (When I Grow Up)	菲利普·辛普金斯 (Philip Simpkins)
25	《戴帽子的猫》丛书 (The Cat in the Hat)	苏斯博士 (Dr. Seuss)
26	《小熊可可》 (Corduroy)	唐·弗里曼 (Don Freeman)
27	《让路给小鸭子》 (Make Way for Ducklings)	罗伯特·麦克洛斯基 (Robert McCloskey)
28	《我今天就不起床！》丛书 (I am Not Going to Get Up Today!)	苏斯博士 (Dr. Seuss)
29	《永远爱你》 (Love You Forever)	罗伯特·马修 (Robert Munsch)
30	《奥莉薇拯救马戏团》 (Olivia Saves the Circus)	伊恩·福克纳 (Ian Falconer)
31	《神奇树屋》丛书 (Magic Tree House)	玛丽·波·奥斯本 (Mary Pope Osborne)
32	《化学：原子和元素》 (Chemistry: The Atom and Elements)	艾普萝·克洛伊·特拉萨斯 (April Chloe Terrazas)
33	《最初的一千个英文单词》 (First Thousand Words in English)	希瑟·艾默莉 (Heather Amery)
34	《小猪奥莉薇》丛书 (Olivia)	伊恩·福尔克纳 (Ian Falconer)
	小学阶段	
1	《拇指姑娘》 (Thumbelina)	艾美·厄莉克 (Amy Ehrlich)
2	《艾洛斯》丛书 (Eloise)	卡伊·汤普森 (Kay Thompson)

序号	书　名	作　者
3	《亚历山大和糟糕透顶的一天》 (Alexander and the Terrible, Horrible, No Good, Very Bad Day)	朱迪思·维奥斯特 (Judith Viorst)
4	《爱花的牛》 (The Story of Ferdinand)	曼罗·里夫 (Munro Leaf)
5	《小王子》 (The Little Prince)	安东尼·德·圣·埃克苏佩里 (Antoine de Saint-Exupery)
6	《古灵精怪玛德琳》 (Madeline)	鲁德维奇·贝尔斯曼 (Ludwig Bemelmans)
7	《西尔威斯特和魔法石》 (Sylvester and the Magic Pebble)	威廉·史塔克 (William Steig)
8	《皮皮历险记》 (The Adventures of Pippi Longstocking)	阿斯特丽德·林格伦 (Astrid Lindgren)
9	《别让鸽子开巴士！》 (Don't Let the Pigeon Drive the Bus!)	莫·威廉斯 (Mo Willems)
10	《大篷车里的孩子们》 (The Boxcar Children)	钱德勒·华娜 (Gertrude Chandler Warner)
11	《纳尼亚传奇：狮子，女巫和魔法柜》 (The Lion, the Witch, and the Wardrobe: Chronicles of Narnia)	C.S. 刘易斯 (C.S.Lewis)
12	《草原上的小木屋》 (Little House on the Prairie)	罗拉·英格斯·怀德 (Laura Ingalls Wilder)
13	《爱丽丝仙境历险记》 (Alice's Adventures in Wonderland & Through the Looking-Glass)	路易斯·卡罗尔 (Lewis Carroll)
14	《史尼奇及其他故事》 (The Sneetches and Other Stories)	苏斯博士 (Dr. Seuss)
15	《地海巫师》 (A Wizard of Earthsea)	厄休拉·勒奎恩 (Ursula K Le Guin)

附录三 最受美国孩子喜爱的童书书单

序号	书 名	作 者
16	《女巫》 (The Witches)	罗尔德·达尔 (Roald Dahl)
17	《查理和巧克力工厂》 (Charlie and the Chocolate Factory)	罗尔德·达尔 (Roald Dahl)
18	《秘密花园》 (The Secret Garden)	弗朗西丝·霍奇森·伯内特 (Frances Hodgson Burnett)
19	《绿野仙踪》 (The Wonderful Wizard of Oz)	弗兰克·鲍姆 (L.Frank Baum)
20	《哈利波特》丛书 (Harry Potter)	J. K. 罗琳 (J. K. Rowling)
21	《小熊维尼》 (Winnie-the-Pooh)	米尔恩 (A A Milne)
22	《彼得·潘》 (Peter Pan)	J. M. 巴里 (J.M. Barrie)
23	《夏洛的网》 (Charlotte's Web)	E.B. 怀特 (E.B. White)
24	《魔法小村芬克莱顿》 (The Magic of Finkleton)	K. C. 希尔顿 (K. C. Hilton)
25	《小屁孩日记之鬼屋创意》丛书 (Diary of a Wimpy Kid)	杰夫·金尼 (Jeff Kinney)
26	《玛蒂尔达》 (Matilda)	罗尔德·达尔 (Roald Dahl)
27	《世界保护组织系列之岩石上的新孩》 (New Kids on the RocK——Small World Global Protection Agency)	马克·米勒 (Mark Miller)
28	《时间的皱纹》 (A Wrinkle in Time)	马德琳·英格 (Madeleine L'Engle)
29	《不老泉》 (Tuck Everlasting)	纳塔利·巴比特 (Natalie Babbitt)

序号	书 名	作 者
30	《小妇人》 (Little Women)	路易莎·梅·奥尔柯特 (Louisa May Alcott)
31	《贝特西和塔西》丛书 (Betsy-Tacy)	莫德·克罗莱斯 (Maud Hart Lovelace)
32	《安妮日记》 (The Diary of a Young Girl)	安妮·弗兰克 (Anne Frank)
33	《格林家族与魔法镇》 (The Fairy-Tale Detectives)	迈克尔·巴克利 (Michael Buckley)
34	《别有洞天》 (Holes)	路易斯·萨奇尔 (Louis Sachar)
35	《赐予者》 (the Giver)	洛瑞斯·劳瑞 (Lois Lowry)
36	《维京海盗学徒之旅》 (The Viking's Apprentice)	凯文·麦克劳德 (Kevin McLeod)
37.	《双鼠记》 (The Tale of Despereaux)	凯特·迪卡米罗 (Kate Di Camillo)
38	《不朽之花》 (Amaranth)	约翰·凯利特 (John Kellett)
39	《霍比特人》 (The Hobbit)	J. R.R. 托尔金 (J. R. R. Tolkien)
40	《饥饿游戏》丛书 (The Hunger Games)	苏珊·柯林斯 (Suzanne Collins)
41	《哈克贝利·费恩历险记》 (The Adventures of Huckleberry Finn)	马克·吐温 (Mark Twain)
42	《纳尼亚传奇》 (The Chronicles of Narnia)	C. S. 刘易斯 (C.S.Lewis)
43	《手斧男孩》 (Hatchet)	盖瑞·伯森 (Gary Paulsen)

由卡通改编的学龄前经典丛书：

Sofia the First 索菲亚公主

Paw Patrol 狗狗巡逻队

Dora Explorer 朵拉历险记

Peppa Pig 佩佩猪

Thomas the Engine 小火车托马斯

Curious George 好奇的乔治

本书作者李嘉音创建了全球冬夏令营非盈利网站——环球营（www.huanqiuying.org），是全球著名的营地搜索引擎。网站上列有近千个国内和国际营地的中文信息，涵盖体育、艺术、科技、户外等各个领域。国内家长可以在环球营网站上轻松地自助查询、报名海内外夏令营，让孩子度过难忘而有意义的寒暑假。

微信公众号：环球营（huanqiuying2016）；
新浪微博：@环球营官博

如果读者对纽约私立学校的申请有任何疑问，可以给两位作者发邮件咨询 jessica_annie@163.com。新浪微博：@Our_Joy